브랜드 코드: 베타라이프

일러두기

- 본 도서의 맞춤법과 외래어 표기는 국립국어원 맞춤법과 외래어 표기를 따랐습니다. 단, 일부 관례로 굳어진 경우는 예외를 두었습니다.
- 도서에 수록된 국내 개인의 사례는 모두 프리퍼드^{PRFD}에서 직접 수집한 사례로, 가명을 사용하였습니다.
- 도서에 수록된 해외 사용자 후기는 구글 스토어, 애플 앱 스토어 등의 리뷰 사이트를 참고하여 재구성하였습니다.

브랜드 코드
: 베타라이프

BRAND CODE

일상에서 답을 찾는 브랜딩 인사이트

프리퍼드 지음

BETA-LIFE

유엑스 리뷰

들어가며
브랜드가 사람들의 일상을 읽는다는 것

우리 모두는 사람들의 마음을 움직이는 강력한 브랜드, 진심으로 사랑받는 브랜드, 세상에 의미 있는 영향을 미치는 브랜드가 되기를 꿈꿉니다. 스타트업 창업자는 자신의 작은 아이디어가 사람들의 삶을 바꾸는 브랜드로 자라나길 바라죠. 기업의 마케터는 더 많은 이들이 자신의 브랜드를 선택하길 원합니다. 동네 가게를 운영하는 사장님은 단골들이 더 큰 애정을 보내 주길 바라며, 개인 크리에이터는 자신만의 색깔로 팬들의 마음을 사로잡고 싶어 합니다.

형태와 이유는 다르지만, 결국 모든 이들이 바라는 건 같습니다. 진심으로 사랑받는 브랜드가 되는 것이죠. 그렇다면 강력한 브랜드와 그렇지 못한 브랜드를 가르는 것은 무엇일까요? 혁신적인 기술? 창의적인 마케팅? 충분한 자본? 물론 중요합니다. 하지만 가장 근본적인 차이는 따로 있습니다. 바로 사람들을 제대로 이해하고 있느냐는 것입니다. 사람들이 실제로 어떻게 살아가고 있는지, 무엇을 고민하고 있는지, 어떤 것에 기쁨을 느끼고 어떤 것에 불편함을 느끼는지를 이해해야 합니다. 그리고 무엇보다 그들과 진정한 관계를 맺을 수 있는지가 핵심입니다.

모든 브랜드는 관계의 산물이다

오늘날 브랜드라는 말은 대기업의 로고나 상품에만 머물지 않습니다. 독립 창작자의 작품도, 동네 소상공인의 가게도, 심지어 개인의 전문성까지도 브랜드가 될 수 있죠. 규모와 형태는 다르지만, 모든 브랜드에게는 공통점이 있습니다. 바로 누군가와 관계를 맺고 소통해야 한다는 것입니다. 그것도 일방적으로 파는 관계가 아니라, 서로 이해하고 공감하며 이어지는 관계여야 합니다. 그리고 그 출발점은 상대방의 일상을 깊이 이해하는 데 있습니다.

사람들의 일상은 늘 달라집니다. 하지만 많은 브랜드가 그 변화의 겉부분만을 살피고 서둘러 대응하다 실패하곤 합니다. 예를 들어, 친환경 제품이 인기를 끄는 현상을 단순히 '환경을 생각하는 착한 소비'라고만 이해한다면 본질을 놓칠 수 있습니다. 그 선택 뒤에는 불확실한 미래에 대한 불안, 소비를 통해 내 가치관을 드러내고 싶은 욕구, 다음 세대에 대한 책임감 같은 다양한 마음이 숨어 있을 수 있으니까요.

진짜 중요한 것은 변화 그 자체가 아니라, 그 변화를 만들어 낸 맥락입니다. 왜 사람들이 그런 선택을 했는지, 그 이면에는 어떤 욕구가 있는지, 그리고 그들이 정말로 해결하고 싶은 문제는 무엇인지를 알아야 합니다. 이 맥락을 읽지 못하면 아무리 좋은 제품과 서비스를 내놓아도 사람들에게 다가가기 어려워집니다. 요즘은 세상이 너무 빨리 바뀌잖아요. 변화를 매일 겪는 사람들의 일상을 제대로 읽어 내는 힘이야말로 브랜드가 살아남을 수 있는 열쇠가 됩니다. 사람들의 삶을 깊이 이해하고 그 맥락에 맞게 다가가는 브랜드는 작은 규모라도 큰 울림을 만들 수 있습니다.

이 책은 흔히 말하는 트렌드 책이 아닙니다. 지금, 바로 이 순간 사람들이 살아가는 방식을 담아낸 오늘의 기록입니다. 많은 트렌드 분석서들이 '무엇이 유행하는가'를 다룬다면, 이 책은 '사람들이 왜 그렇게 살아가고 있는가'에 집중합니다. 겉으로 드러난 현상보다 그 속에 숨어 있는 내면의 변화와 욕구를 들여다보는 것이죠.

《브랜드 코드: 베타라이프》는 프리퍼드^{PRFD}의 독자적인 브랜드 리서치 방법론을 바탕으로 만들어졌습니다. 단순한 관찰이나 설문에 그치지 않고, 사람들의 숨은 욕구를 발견하고 해석하는 데 초점을 맞추었습니다. 이 책은 한 해 브랜드가 반드시 이해해야 할 사람들의 진짜 일상을 해부합니다. 그들이 어떤 고민을 안고 하루를 시작하는지, 무엇 때문에 선택을 바꾸게 되었는지, 어떤 순간에 브랜드에 마음을 열게 되는지를 분석하고 정리했습니다.

결국 가장 강력한 브랜드는 사람들의 일상에 자연스럽게 스며들어 그들 삶의 맥락을 이해하고 의미 있는 변화를 만들어 가는 브랜드입니다. 이 책이 그 여정을 함께하는 길잡이가 될 수 있기를 바랍니다.

목차

들어가며 4p

트렌드, 그 너머를 읽는 법
- 대응을 넘어 통찰로, 맥락의 힘 10p
- 베타라이프 15p

첫 번째 코드: 흔적의 효용성
- 기록과 과정의 힘 26p
- 성취의 과정을 함께 하는 브랜드 31p

　　페브카페 32p | 아이폰 일기 어플 36p | 비리얼 37p | 해비티카 40p | 맷 다벨라 43p | 크레이그 모드 46p

두 번째 코드: 데이터 리추얼
- 데이터로 최적화하는 일상 52p
- 문제를 해결하여 데이터 리추얼을 돕는 브랜드 60p

　　스트라이드 61p | 홉 64p | 파크런 68p | 퀀티파이드 셀프 밋업 72p | 토글 트랙 76p

세 번째 코드: 인스턴트 네트워킹
- 지금 내게 필요한 관계 84p
- 의미 있는 연결을 주선하는 브랜드 92p

　　버시와 로컬스티치 93p | 보디 100p | 20VC 105p | 슬로울리 108p | AI 동반자 서비스 111p

네 번째 코드: 미숙함의 미학

- 실패를 통한 자기표현 122p
- 미숙함을 특별함으로 바꾼 브랜드 129p

  〈모태솔로지만 연애는 하고 싶어〉 130p | 블러디 포터리 133p
  | 브뤼셀의 도시 브랜딩 136p | 퍽업 나이트와 퍽 마이 라이프 140p
  | '메시 걸'과 '노멀 홈' 트렌드 145p

다섯 번째 코드: 나라는 공간

- 취향을 넘어 정체성이 되는 공간 152p
- 나라는 공간을 제공하는 브랜드 160p

  유럽의 디지털 노마드 시스템 161p | 〈자취남〉 164p | 몬타나 167p
  | 진화 중인 제3의 공간 170p | 우연히 웨스 앤더슨과 라모나 존스 175p

베타라이프 시대, 어떤 브랜드가 되어야 할까?

- 변화하는 세상 속에서 살아남는 법 184p
- 베타라이프, 브랜드의 세 가지 공략 192p

베타라이프 인사이트를 실전에 적용하는 방법 198p
참고 문헌 및 참고 웹사이트 205p

트렌드, 그 너머를 읽는 법

대응을 넘어
통찰로,
맥락의 힘

매년 수백 개의 트렌드 리포트가 쏟아집니다. '2026년 주목해야 할 열 가지 트렌드' '올해는 이것이 뜬다'라는 식의 제목들이 우리 눈앞에 끊임없이 나타나죠. 하지만 시간이 조금만 지나도 그 최신 트렌드라는 게 과거와 크게 다르지 않다는 것을 알게 됩니다. 단어와 표현만 새로워졌을 뿐, 본질은 그대로인 경우가 많습니다. 그래서인지 몰라도 정작 그 트렌드를 따라 만든 제품이나 서비스가 성공하는 경우는 드뭅니다. 왜 그럴까요?

초개인화의 시대

현대 사회의 초개인화는 전통적 세분화를 무력화시켰습니다. 예전엔 '20대 남성' '중산층 가정' '도시 거주자'처럼 인구통계학적 분류만으로도 소비 패턴을 예측할 수 있었죠. 하지만 지금은 다릅니다. 소비의 중심이 '나만의 경험' '나만의 의미'로 옮겨 갔기 때문입니다.

한 설문에 따르면 실제로 소비자 75%가 개인화된 커뮤니케이션을 브랜드 선택의 핵심 요소라고 답했고, 66%는 개인화되지 않은 콘텐츠를 보면 아예 구매를 포기한다고 했습니다. 초개인화 시장은 2024년 218억 달러에서 2029년 500억 달러로 연평균 17.9% 성장할 전망입니다.[1] 결국 사람들은 자신만의 고유한 조합을 원하고, 브랜드는 그 욕구를 채워야만 선택받습니다.

모두가 크리에이터인 시대

SNS의 발전으로 이제 거의 모든 사람이 크리에이터인 시대가 되었습니다. 전 세계적으로 2억 명 이상이 콘텐츠를 만들고 있고, 이 중 풀타임 크리에이터로 활동하는 사람도 4,500만 명이나 됩니다. 특히 한국의 SNS 이용률은 94.7%로, 세계 평균(63.82%)을 훌쩍 뛰어넘습니다.[2]

이 수치는 대다수의 사람들이 좋아요와 팔로워에 신경을 쓴다는 의미이기도 하지만, 단순히 많은 사람이 콘텐츠를 만든다는 이야기를 넘어섭니다. 사람들 모두가 차별화된 무언가를 찾고, 나노 단위로 잘게 쪼개진 자기만의 특성과 가치관을 드러내고 있다는 뜻입니다.

이런 시대에 '트렌드에 대응하는 브랜드'로는 한계가 명확합니다. 변화의 속도가 너무 빨라서 트렌드를 파악하고 대응하는 사이에 이미 다음 변화가 시작되어 버리거든요. 하나의 트렌드를 따라가다 보면 이미 그 다음 트렌드가 등장했거나, 정반대 움직임이 시작된 상황에 부딪히곤 합니다. 더 큰 문제는 모든 브랜드가 같은 트렌드를 동시에 쫓아간다는 점입니다. 예를 들어, 저당이 유행이라고 하면 수많은 브랜드가 일제히 저당 및 제로 제품을 내놓습니다. 그 결과 시장은 비슷비슷한 제품들로 가득차고, 소비자들은 선택의 피로감을 느끼게 됩니다.

이런 환경에서 살아남는 브랜드는 어떤 브랜드일까요? 당연히 대응하는 브랜드가 아니라, '앞서서 변화를 만드는 브랜드'입니다. 사람들이 아직 표현하지 못했지만 마음속 깊이 바라고 있는 무언가를 먼저 발견하고, 그것을 세상에 드러내는 브랜드 말입니다.

트렌드 vs 일상 속 맥락

트렌드는 단편적인 스냅샷입니다. 특정 시점의 인기 있는 현상들을 찍어낸 사진 같은 것이죠. 트렌드는 '무엇이 일어나고 있는가?'라는 질문에 답합니다. 반면 맥락은 동영상입니다. 사람들의 삶이 어디에서 와서 어디로 가고 있는지, 그 움직임과 방향성을 담고 있습니다.

변화를 만드는 브랜드가 되기 위해서는 트렌드 대신 일상의 맥락을 이해해야 합니다. 일상의 맥락을 이해한다는 건, 한 순간의 현상을 포착하는 게 아니라 흐름 속에서 더 깊은 의미를 발견하는 것입니다. 일상 속 맥락은 '왜 그런 변화가 생겼으며, 앞으로 어디로 흘러갈 것인가?'라는 질문에 답하지요. 트렌드가 대응을 위한 정보라면, 일상의 맥락은 앞서가기 위한 통찰입니다. 일상 속에 숨겨진 이 흐름과 의미, 우리는 이를 '코드'라고 부릅니다.

브랜드가 사람들의 일상과 그 이면, 즉 코드를 이해한다는 건 단순히 물건을 파는 존재가 아니라 사람들의 삶에 의미 있는 변화를 만드는 파트너가 된다는 뜻입니다. 예를 들어, 동네 카페 사장님이 요즘 테이크아웃 주문이 늘었다는 현상만 보고 메뉴를 늘린다면 그것은 단순한 대응일 뿐입니다. 하지만 손님들이 집에서도 카페 같은 경험을 원한다는 코드를 이해한다면 어떨까요? 원두 판매, 홈 카페 용품 큐레이션, 집에서 커피 내리는 법에 대한 클래스 등 훨씬 다양한 가능성이 열립니다.

브랜드가 주목해야 할 코드의 변화

브랜드가 주목해야 할 코드의 변화는 몇 가지 특징을 가집니다. 첫째, 행동의 변화가 아니라 동기의 변화입니다. 사람들이 '무엇을 하는가'보다 '왜 그렇게 하는가'가 더 중요합니다. 행동의 이면에는 동기가 있기 때문입니다. 행동만 따라가면 항상 한 발 늦게 됩니다.

둘째, 개별 현상이 아니라 연결된 패턴입니다. 진정으로 의미 있는 변화는 삶의 여러 영역에서 동시에 나타납니다. 일하는 방식, 소비하는 방식, 관계 맺는 방식이 모두 연결되어 있죠.

셋째, 일시적 유행이 아니라 구조적 변화입니다. 경제, 기술, 사회 환경의 변화에 뿌리를 둔 변화는 지속성이 있습니다.

넷째, 특정 세대나 계층을 넘어서는 보편성이 있습니다. 정말 중요한 맥락의 변화는 여러 집단에서 동시에 나타나는 경우가 많습니다.

이런 특징을 바탕으로 브랜드가 코드를 이해할 때, 비로소 단순히 팔리는 것을 넘어 필요한 것을 만들 수 있습니다. 그리고 그런 브랜드만이 사람들의 일상에 자연스럽게 스며들어 오래도록 사랑받을 수 있습니다.

베타라이프

더 많이 시도하는 매일

대기업에 다니는 수연 씨는 얼마 전 다리를 다쳐 병원에 입원했습니다. 처음 며칠 간은 치료에 전념했지만, 갈수록 시간이 아깝다는 생각이 들어 동영상 강의로 영상 편집을 배우기 시작했습니다. 무료 영상들을 엮어 제법 그럴싸한 영상을 만들 수 있게 되자 AI의 세계에도 뛰어들었죠. "언제까지 회사에 다닐 수 있을지 모르잖아요. 그래서 뭐든 해야 된다 싶었습니다." 공부하며 영상을 만들다 보니 제2의 〈정서불안 김햄찌〉가 되고 싶다는 새로운 꿈도 생겼습니다. 작은 실험이 큰 꿈으로 바뀌는 순간이었습니다.

다양한 조직에 몸담았던 지웅 씨는 현재 잠시 무직 상태입니다. 하지만 단순히 취업 준비만 하지는 않습니다. 퇴사 후 떠났던 세계 일주를 계기로 여행과 퇴사 경험을 담은 전자책을 준비 중이죠. 우연히 블로그에서 전자책 발행 후기 글을 보고, 이게 내 길이라는 확신이 생겼습니다. 어린 시절 막연히 품었던 작가의 꿈, 조직 생활은 내게 맞지 않는다는 지난 몇 년의 깨달음은 그를 새로운 길로 이끌었습니다. 전자책을 준비하면서부터 대부분의 시간을 혼자 보내지만, SNS를 켜면 세상과 연결되어 있다는 기분이 들어 외롭지는 않습니다.

주위를 둘러보면 다들 무언가를 더 많이 시도하는 모습을 쉽게 볼 수 있습니다. 퇴근 후 유튜브 채널을 기획하는 지인, 주말마다 자격증 공부를 하는 후배, SNS 인플루언서가 되기 위해 노력하는 친구, 모임을 만들어 늘 새로운 사람들을 만나 여러 기획을 모색하는 블로그 이웃까지 다양합니다. 그냥 주어진 일상대로 사는 사람을 보기가 힘들 정도로 모두들 무언가를 더 많이, 그리고 더 열심히 합니다. 부업도, 자기계발도, 취미도 이제는 단순한 개인 활동을 넘어서고 있죠. 어딘가 익숙한 이 이야기들은 모두 우리 주변에서 일어나는 일입니다. 모든 게 콘텐츠가 되고, 포트폴리오가 되고, 퍼스널 브랜딩이 되는 시대죠.

> 희준 씨는 퍼스널 브랜딩에 대해 이렇게 말합니다. "저는 20년 넘게 유통 현장에서 일하며 매장 운영과 브랜드 빌딩을 해 왔고, 현재는 남성 패션 브랜드를 운영하고 있어요. 동시에 싱어송라이터로도 활동하고 있습니다. 퍼스널 브랜딩이란 보여 주는 나와 살아내는 나의 간격을 줄이는 일이라고 생각해요. 요즘은 다들 브랜드로 살아가잖아요. 내가 살아온 방식이 곧 콘텐츠가 되었으면 좋겠습니다. 그래서 누군가에게 '저렇게 살아도 되는구나'라는 희망을 주고 싶어요."

이제 사람들은 본업 하나에만 의미를 두기보다, 진짜 내가 원하는 길을 찾기 위해 다양한 실험을 합니다. 궁극적으로 내가 통제할 수 있는 추가적인 경제 파이프라인을 만들고, 가능한 한 자동화된 시스템을 구축해 수익으로 연결하려는 노력의 일환인 것이죠.

다양한 조사 결과도 이런 현상을 뒷받침합니다. 취업 플랫폼 잡코리아와 알바몬이 함께 진행한 조사에서 직장인 982명 중 89%가 본업 외에 N잡 경험이 있다고 답했습니다.[3] 이들은 하루 평균 3.4시간을 N잡에 투자한다고 해요. 뉴워커가 실시한 또다른 조사에서는 직장인 절반 이상(53.1%)이 사이드 프로젝트 경험이 있다고 했고, 아직 해 보지 않았다고 답한 사람의 80%가 '언젠가는 꼭 해 보고 싶다'라고 답했어요. 동기는 다양했습니다.[4] 본업 외 새로운 일거리를 찾기 위해서(55.8%), 공부해 보고 싶은 분야가 있어서(11.9%), 본업과 시너지를 내기 위해서(9.9%), 자투리 시간을 잘 활용하기 위해서(9.9%) 등 하나의 직업만으로는 만족할 수도, 안심할 수도 없는 시대에 각자의 방식으로 새로운 돌파구를 찾고 있는 셈입니다.

불안한 사람들

사람들이 이렇게 부지런해진 이유는 단순합니다. 모두 더 나은 삶을 원하기 때문입니다. 경제가 코로나 때보다 더 어렵다는 말을 종종 듣게 되는 요즘입니다. 길을 걷다 보면 곳곳에서 빈 상가, 손님이 북적여야 할 시간에도 썰렁한 카페와 식당을 볼 수 있죠. 심지어 대학가처럼 늘 사람이 많던 곳마저도 한산합니다.

이제 사람들은 안정적인 직장에 다니면 괜찮을 거라는 믿음에 의문을 품습니다. 언제 회사가 어려워질지, 언제 내 일자리가 사라질지 알 수 없으니까요. 불안한 상황은 자연스럽게 '한 곳에만 의존하는 것은 위험하다'는 생각을 불러일으킵니다. 실제로 2025년 초에 실시한 한국리서치 조사에 따르면 우리나라는 작년보다 더 나빠질 거라는 응답이 59%에 달했습니다. 10명 중 6명이 비관적인 전망을 한 셈이죠. 그 배경엔 정치적 불안과 생활비 부담, 경기 침체가 있었습니다.

하늘 씨는 요즘 잠을 설칩니다. 팀원들이 줄줄이 회사를 떠나고, 심지어 입사 3개월 차 신입마저 퇴사 의사를 밝혔기 때문입니다. '혹시 나만 도태되는 건 아닐까?'라는 불안에, 하루에도 몇 번씩 습관처럼 채용 사이트를 들여다 봅니다. 대학 동기들도 새로운 기회를 찾느라 퇴사를 고민 중이고, 대학원으로 다시 돌아가거나 늦은 워킹홀리데이를 준비하는 이들도 있습니다. 하지만 하늘 씨는 여전히 어떤 길이 맞는지 알 수 없어 혼란스럽습니다. "다들 열심히 고민하고, 적극적으로 행동하는데 저만 소심하게 멈춰 있는 것 같아요. 분위기를 타서 퇴사하자니 다시 취업문을 뚫을 자신도 없고, 그렇다고 특별히 잘하는 것이나 관심이 가는 분야도 없어서 저 자신이 한심하고 답답하게 느껴져요."

평생직장이라는 말은 이미 오래전에 힘을 잃었습니다. 통계청에 따르면 MZ세대의 첫 직장 평균 근속 기간은 1년 6.4개월입니다. 부모 세대의 19.9년에 비하면 엄청난 차이죠. 20~40대 근로자 1,500명 중 69.5%가 이직을 고려 중이며, 그중 특히 20대는 무려 83.2%가 새로운 기회를 원하고 있습니다.[5]

쉬었음으로 분류되는 청년 인구*도 꾸준히 늘어나는 중입니다. 2025년 2월 기준 15~39세 쉬었음 인구는 82만 명으로, 2016년에 비해 86%나 증가했습니다. 이유를 물어보니 25%는 우울감과 불안 같은 심리적 문제 때문이라고 답했습니다. 퇴사 후 재취업을 하는 것이 아니라 아예 구직 의욕을 잃는 경우도 많아졌죠.[6]

하지만 희망도 있습니다. 앞서 언급한 한국리서치 조사에서 전체 응

---

* 만 15세 이상 청년 중 취업할 의사가 없고 구직 활동도 하지 않는 사람을 의미하며, 실업자가 아닌 비경제활동인구로 분류한다.

답자의 42%는 '2025년 내 삶은 지난해보다 나아질 것'이라고 답했습니다. 나빠질 것이라고 답한 응답(21%)의 딱 2배죠. 사람들은 건강 관리(73%), 자산 관리(54%), 마음 건강 관리(45%) 등을 가장 중요한 목표로 삼았습니다. 결국 신체적, 정신적 건강과 경제적 안정은 여전히 흔들릴 수 없는 삶의 우선순위인 것입니다. 사람들은 본업 외에도 다양한 수입원, 새로운 기술, 넓은 네트워크로 각자만의 안전망을 만들고 있습니다.

불안 속에서 '나다움'을 찾다

여기서 주목할 점은 사람들이 단순히 불안감 때문에 움직이는 것만은 아니라는 것입니다. 오히려 이런 상황이라면 '내가 진짜 원하는 일을 해 볼 기회'라고 생각하는 사람들이 늘어나고 있어요. 안정적이지만 재미없던 일에서 벗어나 자신만의 색깔을 찾고 싶은 욕구가 드러난 것이죠. N잡, 사이드 프로젝트, 퍼스널 브랜딩 같은 활동 모두가 단순한 부업을 넘어서 나다운 삶을 위한 실험의 성격을 띱니다.

이를 증명하듯 우리나라의 온라인 교육 시장은 가파른 성장세를 기록하는 중입니다. 특히 구독형 서비스가 증가하면서 이용자들은 특정 자격증이나 직무에 한정된 학습이 아닌 직무, 취미, 자기계발, 라이프스타일의 다양한 콘텐츠를 동시에 경험하는 경향이 늘어나고 있습니다.

"꼭 잘하지 않아도, 결과가 좋지 않아도 시도하는 것 자체가 성장이라고 생각해요. 아무것도 하지 않고 핑계만 늘어나는 순간이 오히려 가장 뒤처지는 순간인 것 같아요." 웹개발자로 일하다 섬유근육통을 진단받아 일을 그만둔 후 통증 환우에 대한 자신의 경험을 에세이로 독립 출간한 수희 씨는 아프게 되면서 시야도 넓어지고 감정도 더 깊어진 것 같다고 얘기합니다. 여전히 통증을 잠재우기 위해 마약성 진통제를 먹어야 하지만, 수희씨는 자격증 시험을 접수하고, SNS로 공구를 하고, 협찬 및 리뷰어 활동을 하는 등 점점 더 많은 것들을 시도하고 있습니다.

중국의 대학 졸업생 550명을 대상으로 한 연구에 따르면 불확실성에 대한 내성이 높은 개인일수록 창의성과 적응력이 높고, 체계적으로 경력 계획을 세운 사람들이 불안감을 덜 느낀다고 합니다.[7] 많은 이들이 다양한 시도를 통해 내일의 길을 찾고 있습니다. 경제적·사회적 불안은 그들을 무력하게 만드는 대신, 새로운 기회를 발견하고 성장의 발판을 마련하는 계기로 작용하죠. 일상은 그 자체로 작은 실험과 검증의 과정이 되고 있습니다.

기술과 함께 나의 가능성 탐험하기

철학을 전공한 지훈 씨는 요즘 새로 구상한 어플을 만들며 시간을 보냅니다. 코딩은커녕 프론트엔드, 백엔드 같은 기본 지식도 없었는데 어떻게 가능했을까요?

"AI 덕분에 예전엔 꿈만 꾸던 어플 출시가 점점 현실이 되고 있어요. 오래전부터 동네 커뮤니티를 만들고 싶다는 생각이 있었거든요. 사업 기획부터 UX 구조, 실제 어플 구현까지 AI와 유튜브 강의, 온라인 자료들이 큰 힘이 됩니다."

이는 사업가이자 시를 쓰는 승훈 씨의 방식과도 닮았습니다. 그는 아이디어를 다듬고, 사업을 운영을 상의하고, 시집을 구성하는 모든 과정에서 AI를 동료처럼 활용합니다.

> "배움을 멈추지 않는 게 결국 살아남는 방법이라고 생각해요. 최근에는 국가 지원 사업 계획서 작성, 예산안 편성, 트렌드 및 수요조사에 대한 정보 검색에도 AI를 자주 쓰는 것 같아요."

그에게 AI는 복잡한 행정과 자료조사, 문서화 과정을 한 박자 빨리 넘길 수 있게 해 주는 가속 페달입니다. 덕분에 더 많은 시간을 본질, 즉 사업의 방향과 언어의 결을 다듬는 데 쓸 수 있죠. 실제로 한국은 챗GPT 유료 구독자 수가 미국에 이어 세계 2위일 만큼 AI 소비에 적극적입니다. 최근 AI 구독 경제가 폭발적으로 성장하며 AI 구독을 위해 지출한 국내외 카드 비용이 3배 이상 늘기도 했죠.[8]

과거에는 내가 할 수 있는 일과 그렇지 못한 일 사이에 분명한 경계가 있었습니다. 그러나 AI는 그 경계를 빠르게 허무는 중입니다. AI를 활용하면 지식이나 경험이 부족해도 누구나 새로운 것을 시도하고 구현할 수 있습니다. 물론 AI 때문에 일자리가 줄고 경쟁이 치열해진 것도 사실입니다. 하지만 동시에 직장에 묶이지 않아도 자신만의 방식으로 자생할 수 있는 가능성이 커졌습니다. 척박한 야생에 던져진 것 같지만, 그 속에서 더 자유롭고 창의적으로 살아가는 길을 배우는 셈입니다.

이런 변화는 사람들로 하여금 더욱 적극적으로 실험하게 합니다. 정답 같은 길은 이미 사라진 지 오래죠. 작은 규모로 시작해 반응을 보고, 잘 되면 키우고 안 되면 다른 걸 시도하는 방식이 가능해졌습니다. 마치 게임 속에서 여러 캐릭터를 키워 보듯, 사람들은 각자의 가능성을 탐험하고 있습니다.

새로운 생활 철학, 베타라이프

우리는 이러한 오늘을 '베타라이프Beta-Life'로 정의했습니다. 베타라이프란, 삶 자체를 지속적인 테스트와 업데이트의 과정으로 받아들이는 새로운 생활 철학입니다. 소프트웨어 개발에서 베타 버전이 완성품이 아닌 지속적 개선을 전제로 한 실험적 단계인 것처럼, 베타라이프를 사는 사람들은 자신의 삶을 완성해야 할 프로젝트가 아닌 끊임없이 개선해 나가는 과정으로 바라봅니다. 정해진 성공 공식이 사라진 시대에, 스스로 실험하고 학습하며 자신만의 최적해를 찾아가는 것이죠.

이들에게 실패는 더 이상 피해야 할 것이 아닙니다. 오히려 다음 버전으로 업그레이드하기 위한 소중한 데이터죠. 그래서 베타라이프를 사는 사람들은 작은 실험을 두려워하지 않고, 빠른 시도와 개선을 반복하며, 상황에 따라 유연하게 방향을 조정해 갑니다. 마치 스타트업이 MVP(최소 기능 제품)로 시작해서 사용자 피드백을 받아 제품을 발전시켜 나가는 것처럼, 베타라이프를 살아가는 이들은 자신의 삶을 더욱 다이내믹하게 운영해 나갑니다.

베타라이프 시대
첫 번째 코드

흔적의
효용성

기록과
과정의 힘

아이폰 유저인 소리 씨는 기본 어플 미리 알림과 단축어로 하루를 자동 기록하는 자신만의 시스템이 있습니다. 자기 전, 시간 단위로 내일의 일정을 채우고 확인하는 일은 이제 그에게 빼놓을 수 없는 루틴입니다. "기록들을 보면 제가 얼마나 부지런히 살고 있는지 한눈에 보여서 뿌듯해요. 대박도 좋겠지만, 요즘은 하루하루를 충실하게 사는 게 더 중요하다고 생각해요."

진성 씨는 요즘 SNS에 그 날의 운동 기록을 올리는 재미에 푹 빠졌습니다. 피드에 빼곡히 쌓여 있는 '#오운완' 인증 사진은 언제 봐도 만족스럽죠. 그의 노력을 알아보는 댓글이 달릴 때면 운동 후 피로도 모두 사라지는 것만 같습니다.

우리는 모두 무언가를 성취하고 싶어 합니다. 하지만 베타라이프를 살아가는 사람들 사이에서는 성취의 의미가 달라지고 있어요. 과거에는 큰 목표를 달성했을 때만 성공했다고 여겼다면, 이들은 매일의 작은 노력과 그 사이에 남는 흔적 자체에서 가치를 찾습니다.

'**흔적의 효용성**'이란, 거창한 결과보다는 꾸준한 과정에서 쌓이는 노력과 성장의 발자취로부터 자기효능감을 얻는 새로운 생활 패턴을 의미합니다. 이들에게 중요한 것은 '무엇을 이뤘느냐'가 아니라 '얼마나 꾸준히 시도했느냐' '그 과정에서 무엇을 배웠느냐'입니다. 매일 새로 배운 것들, 시행착오의 경험, 작은 깨달음들, 어제보다 조금 나아진 손 끝의 감각 같은 성장의 흔적들이 성취의 증거가 되는 것입니다.

작은 통제로부터 오는 안정과 자기효능감

불확실한 시대를 사는 사람들에게는 통제할 수 있는 것과 없는 것을 구분하는 것이 중요합니다. 경기, 취업, 회사의 미래는 대부분 내가 통제할 수 없는 영역이에요. 대신 오늘의 학습, 꾸준한 시도, 작은 실패에서 교훈 찾기는 오롯이 내가 선택할 수 있습니다. 그래서 흔적의 효용성은 빛이 납니다. 큰 성과가 아직 오지 않았더라도, 시도하고 기록하는 행위 자체가 충분한 성취감을 선물하기 때문이죠.

엠브레인 트렌드모니터에 따르면, 우리나라 성인 77%가 평소 지키려는 자기만의 습관을 갖고 있고, 76.6%가 '규칙적인 습관을 지키면 삶이 더 효율적'이라고 생각합니다.[9] 특히 젊은 세대일수록 이 경향이 두드러져요. 20대의 40.8%가 '루틴을 지키지 못하면 불안하다'라고 답했는데, 30대(34.4%), 40대(31.6%)보다 높습니다.

이것을 단순한 강박으로 볼 수는 없습니다. 불확실성으로 생긴 불안을 내가 조절 가능한 매일의 성장 경험으로 달래는 합리적 방식이니까요. 빠르게 변하는 환경에서는 완벽한 결과를 기대하기 힘듭니다. 대신 지속적인 시도, 미세한 개선이 마음을 붙잡아 줍니다. 변화에 적응하기 위해서라도 작은 성장과 학습을 게을리할 수 없어요. 완벽한 결과보다는 지속적인 시도와 개선의 과정 자체에서 안정감을 찾습니다.

과거와 달라진 성장과 실패의 기준

흔적의 효용성이 완전히 새로운 현상은 아닙니다. 예전부터 있었던 자기계발이나 '갓생'과 같은 개념과 연결되어 있죠. 하지만 동기가 달라졌습니다.

과거에는 승진, 연봉, 인정 등 겉으로 드러나는 보상을 향했다면, 지금은 내 안의 만족감과 스스로의 통제감을 더 중시합니다. 또한 과거의 자기계발이 10kg 감량, 토익 900점 달성 같은 결과 중심이었다면, 지금은 과정 중심입니다. 오늘 한 끼를 더 가볍게 선택한 것, 퇴근 후 30분을 공부에 투자한 것 등 작은 시도들이 쌓인다는 사실 자체가 만족을 만듭니다. 그래서 요즘의 자기계발은 단순히 성공하기가 아니라 시도하기, 배우기, 조금씩 나아지기 같은 과정 자체를 중시하죠. 이를 정리하면 과거와 현재의 관점에는 크게 세 가지 차이점이 있습니다.

첫째, 실패에 대한 관점이 다릅니다. 기존의 목표 달성 문화에서는 중간에 포기하거나 목표를 달성하지 못하면 실패했다고 생각했습니다. 하지만 흔적의 효용성을 추구하는 사람들은 시도 자체의 의미를 중시하고, 그 과정에서 남긴 기록들을 모두 나를 키우는 소중한 자산으로 여깁니다.

둘째, 비교의 기준이 다릅니다. 과거에는 다른 사람과의 비교나 사회적 기준에 맞추려 했다면, 이제는 과거의 나와 비교하는 것에 집중합니다. '작년보다 책을 더 많이 읽었나?' '지난달보다 꾸준히 운동했나?' 같은 자기 기준이 더 중요해진 거죠.

셋째, 성취의 크기에 대한 인식이 다릅니다. 목표를 이루기 위해선 작은 일이라도 매일 반복해 실천하는 게 가장 중요하다는 응답이 20대 81.2%, 30대 76.8% 등 전 연령대에서 높게 나타났습니다.[10] 작은 성취들의 누적이 큰 변화를 만든다는 믿음이 널리 퍼지고 있어요.

내 손으로 만들어 가는 나의 성장 일지

흔적의 효용성은 특정 세대나 직업군에 갇히지 않습니다. 앞선 엠브레인 트렌드모니터의 일상생활 루틴 조사 결과에 따르면 전체 91.4%가 평소 자기 관리에 대한 관심이 매우 높은 수준으로 나타났고, 작고 사소한 일에서부터 개인의 삶을 꾸준히 가꾸려는 흐름이 뚜렷해요. 20대부터 50대까지, 직장인부터 프리랜서까지, 학생부터 주부까지 다양한 계층에서 이런 패턴이 관찰됩니다. 다만 젊은 세대는 실질적인 성장과 변화를 만드는 과정을 기록하고 공유하는 반면, 기성세대는 개인적인 성찰을 기록하는 경향이 있는 등 세대별로 접근 방식에 차이가 있죠.

중요한 것은 어떤 방식을 택하든 나만의 성장 흔적을 남기려는 마음은 같다는 것입니다. 이 마음은 근본적으로 자신의 노력과 성장을 확인하고 싶어 하는 욕구의 결과입니다. 무엇보다 이 변화는 개인을 넘어 문화가 되어가는 중입니다. 성장과 학습의 여정을 공유하는 콘텐츠들이 사랑 받고, 과정 자체의 가치를 인정하는 문화가 생겨나고 있죠.

결국 흔적의 효용성은 **불확실한 시대를 사는 우리가 내 손 안의 통제로 의미와 성취를 찾아가는 방식**입니다. 거대한 성공보다 작지만 꾸준한 성장, 완벽한 결과보다 성실한 과정을 중시하는 이러한 움직임은 앞으로 더 넓게 퍼질 것입니다.

성취의 과정을 함께하는 브랜드

"오늘도 무언가를 했다는 것, 그 흔적을 남겼다는 것 자체가 충분히 의미 있어요."

베타라이프 시대의 사람들은 성취를 새롭게 정의합니다. 거대한 목표를 이루는 순간만을 성공으로 보지 않고, 매일의 작은 노력과 그 과정에서 남는 흔적에서 가치와 자부심을 찾죠. 이 변화를 정확히 이해하고, 그에 맞는 경험을 설계하는 브랜드들이 있습니다.

페브카페
실험과 과정에 가치를 부여하다

도쿄에서 시작된 페브카페^{FabCafe}는 말 그대로 제작 공간^{Fabrication}과 카페가 결합된 곳입니다. 3D 프린터와 레이저 커터 같은 디지털 제작 도구가 놓인 열린 제작실, 그리고 사람들이 자연스럽게 모여드는 카페가 한 공간에 있죠. 지금은 도쿄, 바르셀로나, 방콕, 오사카, 쿠알라룸푸르 등 전 세계 13개 도시로 퍼져 각 지역의 분위기를 살린 프로그램이 운영되고 있습니다.

페브카페 도쿄 전경 ©FabCafe

일반적인 메이커스페이스나 창작 공간이 도구와 기술 제공에 초점을 맞춘다면, 페브카페는 불확실성과 함께하는 창작 과정 자체를 브랜드 경험으로 설계했습니다. 페브카페의 창립자 히다카 유키 Youki Hidakka는 일본 디자인 매거진 〈악시스 Axis〉와의 인터뷰에서 '메이커스페이스의 가장 큰 장벽은 전문가만 들어갈 수 있을 것 같은 분위기'였다고 말합니다. 페브카페는 그 장벽을 커피 한 잔의 여유로 낮췄죠. 편안한 카페라는 포맷 덕분에, 누구나 실험의 첫 발걸음을 내딛기 쉬워졌습니다. 실제 이용 후기를 보면 일주일 동안 이곳에서 몰입해 보고 싶다는 말이 많습니다. 페브카페 글로벌의 CEO인 다이키 카나오카 Daiki Kanaoka는 이곳을 '개인의 관심사를 증폭시키는 곳'이라고 표현하기도 합니다.

메이킹 프로세스의 가치

페브카페는 방문자들에게 '메이킹 다이어리' 문화를 권합니다. 이는 작품의 완성도가 아니라 만드는 과정에서의 생각과 감정을 기록하는 일지입니다. "오늘은 레이저커터를 처음 써 봤는데 무서웠다." "실패했지만 옆자리 할아버지가 도와주셔서 감사했다." "내가 만든 게 이상하지만 나름 애착이 간다." 같은 솔직한 기록들이 카페 곳곳에 전시됩니다. 이런 일기들은 다른 방문자들에게 '저 사람도 처음엔 서툴렀구나' '실패해도 괜찮구나'라는 안도감을 주며, 완벽하지 않아도 시도할 용기를 주는 역할을 합니다.

인스타그램의 운영 방식도 이와 결을 같이 합니다. 완성품보다는 제작 과정의 사진들이 훨씬 더 많은 비중을 차지하고 있죠. 재료를 고르는 모습, 첫 번째 시도에서 실패한 흔적, 여러 번 수정을 거쳐 점점 나아지는 과정들이 시간순으로 기록되어 있습니다. 이는 결과보다 과정을 중시하는 페브카페의 철학을 시각적으로 보여 주는 동시에, 다른 사람들에게도 과정을 기록하고 공유하는 것의 가치를 알리는 역할을 합니다. 페브카페를 이용했던 사람들은 인스타그램에 다시 찾아와 특별하고 의미 있는 경험이었다는 댓글을 남기기도 합니다.

커뮤니티 기반의 과정 공유 문화

페브카페는 일본의 모노즈쿠리 ものづくり (만들기) 문화*와 결합하여 만들기 자체의 즐거움을 깨닫는 시간을 제공합니다. 여기서 중요한 것은 방문자들이 서로의 작업 과정을 실시간으로 공유하고 격려한다는 점입니다. 예를 들어 한 대학생이 졸업 작품을 위해 복잡한 조립 구조물을 만들고 있을 때, 옆에서 취미로 액세서리를 만들던 주부가 "조립 순서를 바꿔 보면 어떨까요?"라며 조언을 주는 식입니다. 전문성보다는

---

* 단순히 '물건 만들기'라는 의미를 넘어, 장인정신이 깃든 제조 문화와 정신으로 숙련된 기술과 정밀함, 완벽을 위한 끊임없는 개선 의지, 자신이 만드는 물건에 혼과 정성을 담는 태도를 포함한다.

페브카페 방콕 ©FabCafe

서로 다른 시각에서 오는 신선한 아이디어를 교환하는 것이죠.

    페브카페가 설계한 모든 경험은 하나의 방향을 가리킵니다. 불확실한 실험을 장려하는 이벤트, 메이킹 다이어리, 결과가 아닌 과정을 공유하는 커뮤니티 문화 모두 완벽한 결과물에 대한 부담을 덜어내고 시도 자체의 가치에 대해 생각하게 하는 장치입니다. 창작 과정에서 남는 모든 흔적, 실패한 프로토타입, 솔직한 감정의 기록, 수정에 수정을 거듭하는 과정 등이 그 자체로 얼마나 귀중한 자산이자 매력적인 콘텐츠가 될 수 있는지를 증명하죠. 결국 페브카페는 단순히 도구를 빌려주는 공간을 넘어, 성실한 과정과 의미 있는 흔적을 통해 성장과 발견의 경험을 제공하는 브랜드입니다.

아이폰 일기 어플
잊힐 뻔한 일상을 의미 있는 흔적으로 발굴하는 기술

    모든 날이 특별할 순 없습니다. 그래서 종종 오늘을 기록하는 일을 망설이게 되죠. 이런 순간에는 기록은 그 자체만으로도 가치가 있다는 믿음이 필요합니다. 아이폰 일기 어플은 바로 이 믿음을 기술로 구현하여, 더 쉽고 간편하게 사람들이 흔적의 효용성을 누릴 수 있도록 하는 도구입니다.

  아이폰 일기 어플의 핵심은 AI 제안 시스템입니다. 사진, 위치, 운동, 음악 감상 데이터 등을 바탕으로 '집에서 보낸 수요일 오후' '예쁜 하늘' 같은 구체적 순간을 일기로 기록하기를 제안하죠. 덕분에 대단한 사건이 없어도, 스쳐 지나간 순간이 기록의 주제로 떠오릅니다. 애플은 2023년 WWDC에서 일기 어플을 소개하며, 개발 팀이 발견한 일기 쓰기의 가장 큰 장벽은 '특별한 일이 있어야 일기를 쓸 수 있다는 부담감'

아이폰 일기 어플 ©Apple

이었다고 설명했습니다. 이를 해결하기 위해 그들이 선택한 방식이 바로 이 AI 제안 시스템이었어요.

이 기능은 기록의 장벽을 극적으로 낮춥니다. "카페에 30분 앉아 있던 것만으로도 일기 주제가 생겼다."라는 한 사용자의 후기처럼, 대단한 사건이 아닌 사소한 경험도 기록할 가치가 있음을 끊임없이 상기시키죠. 또 다른 사용자는 "3개월 전 일기에 적힌 '점심으로 김치찌개를 먹었다. 비가 와서 우울했는데 따뜻한 국물이 위로가 됐다.'라는 한 줄이 그날의 기분을 완벽하게 되살려 주었다."라고 말했습니다. 기술이 사용자의 일상 속에서 가치 있는 흔적을 찾아내고, 사용자는 그 제안에 응답하며 손쉽게 하루의 기록을 쌓아 가는 것입니다.

결국 아이폰 일기 어플은 '모든 일상은 기록될 가치가 있다'라는 메시지를 기술을 통해 구현합니다. 사용자는 대단한 성취가 없던 날에도 어플의 제안을 통해 작은 흔적을 꾸준히 축적하게 되고, 이 기록들이 모여 평범하지만 충실했던 나날의 증거가 됩니다. 이는 거대한 성공이 아닌, 작지만 꾸준한 기록 자체에서 성취감을 찾는 흔적의 효용성의 핵심을 보여 줍니다.

비리얼
날 것 그대로 가장 정직한 흔적을 남기는 법

비리얼BeReal은 2020년 프랑스에서 시작해 2022년엔 앱스토어 무료 어플 1위를 차지하며 크게 주목받은 어플입니다. 2025년에 들어서도 약 4,000만 명 이상의 월간 활성 사용자MAU를 유지하고 있죠.[11] 특히 주목할 점은 무려 사용자 10명 중 약 8명이 Z세대일 정도로 젊은 층

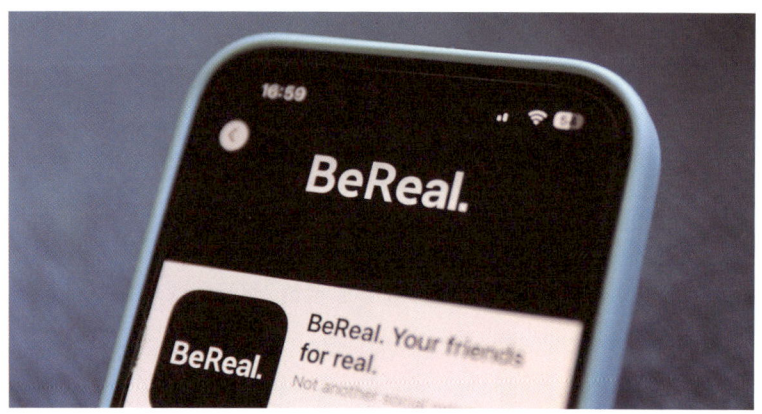

비리얼 ©Jakub Porzycki/NurPhoto, Getty Images

에게 사랑받는 서비스라는 것입니다. 이들에게 비리얼은 진정성 있는 소셜미디어의 상징으로 자리매김했습니다.

가짜 완벽함에서 벗어나 진정한 나를 드러내기

창립자 알렉시스 바헤야Alexis Barreyat는 〈테크크런치TechCrunch〉와의 인터뷰에서 "소셜미디어의 가짜 완벽함에 지친 세대를 위해 이 어플을 만들었다."라고 말했습니다. 해결책은 의외로 간단하면서도 과감했죠. 비리얼 어플을 설치하면 하루 중 랜덤한 시간에 '진정한 내가 될 시간Time to BeReal' 알림이 울리고, 2분 안에 전·후면 카메라로 동시에 사진을 찍어 올려야 합니다. 준비, 연출, 보정이 불가능한 날 것 그 자체의 사진을 올릴 수밖에 없도록 한 것입니다.

비리얼이 흔적의 효용성을 구현하는 방식은 독창적인 데다가 꽤 급진적입니다. 예상 못 한 순간을 그대로 붙잡아 꾸미지 않은 한 장면을 남기게 하니까요. 언제 알림이 올지 모르니 미리 준비할 수도 없고, 운

비리얼이 작동하는 방식 ©EL PAIS

전면과 후면 카메라로 동시에 찍힌 비리얼 사진들 ©Western Gazette

동 중이든, 집에서 라면을 먹는 중이든 지금, 여기가 그대로 기록됩니다. 필터도 없고, 편집은 불가능해요. 다시 찍기도 제한적이죠.

또 하나 독특한 점은 친구의 사진을 보려면 나도 먼저 올려야 한다는 규칙입니다. 구경만 하는 일방적 관찰자는 허용되지 않죠. 그래서 사용자들은 "완벽한 순간만 골라 올리려다 스트레스 받는 대신, 있는 그대로 올리니 마음이 편하다."라고 말합니다.

축적되는 솔직한 시간들

이 경험의 핵심은 단일 포스팅이 아니라 시간의 축적에 있습니다. 달력을 넘겨 보면 지난날의 거칠고 솔직한 흔적이 한눈에 펼쳐지죠.

> "6개월치 비리얼 사진들을 모아 보니 화려하진 않아도 진짜 삶의 리듬이 보여요. 늦잠 잔 아침, 도서관에서 공부하는 오후, 친구들과의 소소한 모임이 각각은 특별할 것 없지만, 쌓이고 나면 소중한 기록이 되더라고요."

기억할 만한 이벤트뿐 아니라 민낯으로 바닥에 털썩 앉아 라면을 먹던 순간, 지루하게 과제를 하던 모습 등 평범한 일상의 기록이 모여 한 달, 일 년의 나를 보여 주는 정직한 포트폴리오가 됩니다. 이는 하나의 완벽한 성공이 아닌, 매일의 작고 사소한 순간을 쌓아 만든 서사에서 가치를 찾는 흔적의 효용성과 정확히 일치합니다.

사용자들이 완벽하게 꾸민 셀카보다 라면 먹는 사진에 더 크게 반응하는 현상은 단순히 진정성에 대한 갈망을 넘어섭니다. 나의 가장 평범하고 사소한 순간조차도, 기록할 가치가 있는 소중한 흔적이라는 인식이 확산되었음을 보여 주는 결과입니다.

해비티카
실패마저 게임의 일부로 만들기

해비티카 Habitica는 크라우드 펀딩으로 출발한 독특한 할 일 관리 어플입니다. 누구나 가볍게 시작할 수 있어 전 세계 수백만 명이 쓰

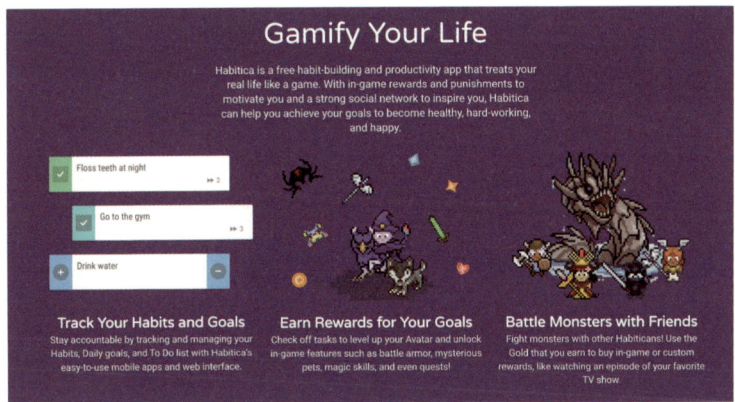

해비티카 ©MEDevel

고 있죠. 핵심 아이디어는 간단합니다. 일상의 습관을 RPG 게임 규칙으로 바꾸는 것입니다. 운동을 하면 경험치가, 할 일을 끝내면 골드가 쌓이고, 나쁜 습관을 반복하면 HP(체력)가 줄어듭니다. 그래픽마저 게임과 유사하게 만들어 할 일을 관리하고 있지만 마치 즐거운 게임을 하는 듯한 기분을 선사합니다.

해비티카에서 특히 중요한 것은 실패해도 게임 오버가 없다는 점입니다. 개발자 타일러 레넬Tyler Renelle은 각종 인터뷰에서 해비티카가 '게임에서는 작은 경험치라도 쌓이면 결국 레벨업으로 이어지는데, 왜 현실에서는 작은 노력들이 무시되는가?'라는 문제의식에서 출발했다고 밝혔습니다.[12] 덕분에 반드시 완수해야 한다는 부담 없이, 쉽게 자주 시도할 수 있죠. 해비티카는 완료하지 못한 항목들 때문에 죄책감이 들어 점차 시도하지 않게 되는 기존의 할 일 목록 어플의 문제점을 간파하고, 성공의 중요한 요소인 '꾸준한 시도'를 지속하도록 돕습니다.

과정으로써 가치 있는 실패

실제 사용자들의 반응에서도 브랜드 가치가 느껴집니다.

"담배를 피우면 HP가 10 깎이는데, 죽지는 않아요. 게임에서 몬스터한테 맞은 것처럼 느껴져서 실패에 대한 죄책감이 덜해요. 대신 '다음에는 더 조심해야지'라는 마음이 들어요."

실패를 '게임에서 한 번 맞은 것'으로 표현하니, 실패해도 동기가 사라지지 않고 부드럽게 유지되는 것입니다.

파티 시스템도 재밌습니다. 파티는 친구들과 함께 습관을 관리할 수 있는 시스템입니다. 다만 한 명이 실패하면 파티 전체가 피해를 받죠. 이는 개인의 실패를 사회적 연결감으로 완화시킵니다. 한 사용자는 "혼

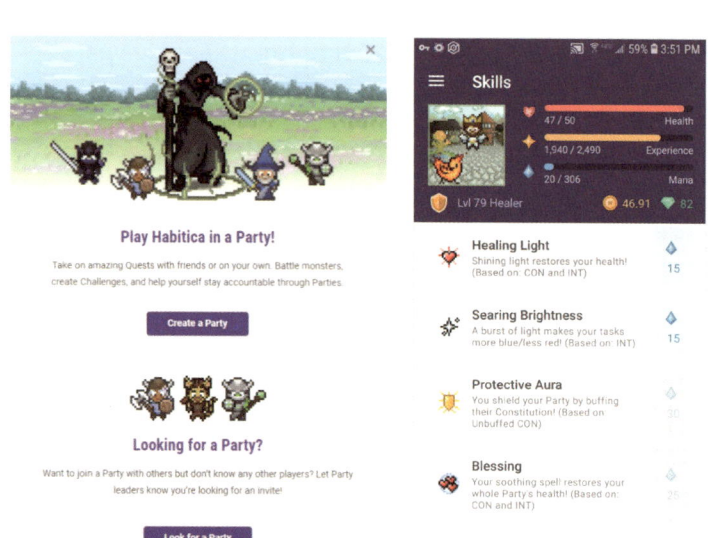

좌) 해비티카 파티 시스템 우) 해비티카 기술 ©Habitica Wiki

자서는 미루기 쉬운 일들도 파티원들 때문에 하게 돼요. 내가 게을러지면 친구들까지 피해를 보니까 책임감이 생기더라고요. 게임에서는 함께 몬스터를 잡으러 다니고, 현실에서는 함께 도서관에서 공부하는 거죠."라고 말하기도 했습니다.

결국 해비티카의 성공은 일상의 성패를 게임이라는 새로운 프레임으로 전환한 것에 있습니다. 작은 성공에는 경험치라는 즉각적인 보상을, 실패에는 게임 오버가 아닌 HP 감소라는 회복 가능한 피드백을 제공함으로써 사용자는 죄책감 없이 다시 시도할 힘을 얻죠. 운동하기, 책 읽기 같은 긍정적 습관은 캐릭터를 성장시키는 '성장의 흔적'으로, 담배를 피우는 부정적 습관은 극복해야 할 '도전의 흔적'으로 기록됩니다. 성실한 과정 자체를 인정하고 즐길 수 있도록 도우며, '완벽해야만 의미 있다'는 생각을 '꾸준히 시도하면 이미 의미 있다'는 생각으로 바꿔 주는 베타라이프형 도구입니다.

맷 다벨라
삶에 대한 정직한 도전과 실험의 기록

맷 다벨라 Matt D'Avella는 다큐멘터리 〈미니멀리즘〉의 감독이자 구독자 397만 명을 보유한 유튜버입니다. 미니멀리스트 라이프스타일과 습관 형성에 대한 콘텐츠를 제작하죠. 그의 매력은 남다른 성공담이 아니라, 비틀거리는 과정까지 다 보여 주는 정직함에 있습니다.

넷플릭스 다큐멘터리 〈미니멀리즘〉 ©IMDb

30일 챌린지의 매력

　　　대표적인 예가 그의 30일 챌린지 시리즈입니다. 이 시리즈는 '30일동안 설탕 먹지 않기' '30일동안 찬물로 샤워하기' '30일동안 5시에 일어나기' 등 일상의 작은 변화를 30일간 실험하는 것을 주제로 합니다. 각 영상은 보통 3개의 파트로 이루어져요. 먼저 왜 이 실험을 하게 되었는지를 설명하고, 실제 실천 과정에서 겪는 어려움과 변화를 솔직하게 기록하며, 30일 후의 회고와 인사이트를 공유하는 형식입니다.

　'30일 동안 5시에 일어나기' 영상에서 그는 첫 주에 이미 두 번 실패했음을 털어놓습니다. 하지만 이 실패를 숨기기보다는 왜 실패했는지, 무엇을 배웠는지, 다음엔 어떻게 개선할 것인지를 상세히 분석해서 공유했습니다. 심지어 실패한 날의 침대에서 일어나지 못하는 모습까지 카메라에 담았죠. 완벽하지는 않지만 꾸준하게 시도한 흔적과 그로 인한 변화를 있는 그대로 보여 준 것입니다.

위) '30일 동안 에스프레소 마스터되기' 챌린지
아래) '30일 동안 아빠가 되어 보기' 챌린지 ©맷 다벨라 유튜브 채널

구독자들과 함께 만들어 가는 변화

실제 시청자들의 댓글을 보면 이런 접근의 효과를 확인할 수 있습니다.

> "맷의 영상을 보고 '30일 동안 매일 책 읽기' 챌린지를 시작했어요. 처음에는 매일 1시간씩 읽겠다고 했는데, 3일 만에 포기할 뻔했죠. 그런데 맷처럼 목표를 조정해서 매일 10분씩으로 바꾸니까 완주할 수 있었어요. 30일 후에는 자연스럽게 30분씩 읽게 되더라고요."

그의 또 다른 콘텐츠인 '미니멀리즘'도 마찬가지입니다. 맷은 물건을 줄이는 과정에서 "이 물건은 정말 버리기 싫었다." "이걸 버렸다가 다시 사고 싶어졌다." 같은 솔직한 고민을 시청자들과 함께 나눕니다. 완벽한 미니멀리스트의 모습이 아니라, 고민하고 시행착오를 겪는 평범한 사람의 모습을 보여 주는 거죠. 직접 운영하는 팟캐스트 〈그라운드 업 쇼The Ground Up Show〉에서도 게스트에게 성공담 대신 배운 점을 묻습니다. 그는 "완벽하지 않아도 시도할 가치가 있다."라는 메시지를 전달하며, 작은 변화와 과정 자체의 가치를 인정하는 문화를 만들어 냅니다.

맷이 보여 주는 흔적의 효용성은 거창한 변신이 아니라 짧은 실험의 일상화입니다. 30일이라는 짧은 기간 동안의 작은 실험을 통해, 누구나 부담 없이 새로운 시도를 할 수 있다고 말하죠. 실패를 숨기지 않고 자라나는 과정을 함께 나누며, 완벽하지 않아도 충분히 가치 있다는 메시지를 끊임없이 확인시켜 줍니다.

크레이그 모드
걷기의 철학자

크레이그 모드Craig Mod는 현재 일본에 거주하는 미국 출신 작가이자 사진가입니다. 그는 걷기를 중심으로 한 독특한 창작 방식으로 주목받고 있습니다. 책과 사진집을 꾸준히 발행하고, '릿지라인Ridgeline' 같은 뉴스레터로 전 세계 독자와 만나죠. 그의 대표작인 《키사 바이 키사Kissa by Kissa》 프로젝트는 흔적의 효용성을 가장 순수한 형태로 구현한 사례입니다. 32일 동안 1,000km를 넘게 걸으며 그날의 사진과 짧은 글을 매일 뉴스레터로 발행한 이 프로젝트는 일상이 어떻게 예술이 될 수 있는지를 보여 줍니다.

크레이그 모드 ©JAPAN HOUSE Los Angeles

그의 기록 방식은 특별하지는 않지만 꾸준합니다. 하루에 3~40km를 걸으면서 만나는 풍경, 사람, 음식, 그리고 그 순간의 감정을 아이폰으로 간단히 찍고 짧은 메모를 남기죠. 그리고 저녁에 숙소에 도착하면, 그닐의 사진들을 정리하고 500~1,000개 단어 분량의 글을 써서 구독자에게 발송합니다.

"진짜 일본은 관광지가 아니라 이런 곳에 있다."라는 크레이그의 말처럼, 그의 뉴스레터는 유명 명소보다 생활의 질감이 더 많은 이야기를 품고 있습니다. 그가 좋아하는 장면은 동네 슈퍼, 작은 신사, 우체국, 버스 정류장처럼 거창하지는 않지만 사람들이 실제로 살아가는 공간입니다. 어떤 날은 시골역의 벤치에서 먹은 캔커피 하나가, 어떤 날은 로컬 카페에서 구운 토스트의 냄새가 글의 첫 문장을 끌어내죠.[13]

흥미로운 건, 잘 풀리지 않은 날도 숨기지 않는 태도입니다. 비에 젖어 발이 아픈 날, 길을 잘못 들어 시간을 허비한 날, 몸이 좋지 않아 목표 거리를 못 채운 날도 그대로 기록으로 남겨요. 그는 말합니다. "여행은 항상 낭만적일 수 없죠. 힘든 순간까지가 여행의 일부에요."

꾸준한 기록의 과정

그의 기록 방식엔 작은 루틴들이 숨어 있습니다. 먼저 아침 출발 전 지도에 오늘의 대략적인 이동 구간을 선으로 긋습니다. 그리고 걷는 동안 키워드 메모(지명, 사람 이름, 맛, 소리)를 틈틈이 적죠. 저녁엔 그 키워드를 실마리 삼아 사진과 문장을 짝지어 배치합니다.

이렇게 '걷기 → 기록 → 선별·편집 → 공유'의 과정을 매일 하다 보면, 하루의 피로가 한 편의 작은 뉴스레터로 바뀝니다. 독자는 그날 밤 받은 메일로 그의 발걸음을 함께 걷고, 다음 날 그가 또 걸을 수 있도록 응원의 답장을 보냅니다. 어떤 독자는 자신이 사는 동네의 골목을 추천하기도 하고, 어떤 독자는 "오늘 당신의 문장 때문에 퇴근길을 한 정거장 더 걸었다."라고 고백해요. 기록이 다시 기록을 부르는 연결이 생기는 거죠.

크레이그는 모든 기록을 한 권의 아름다운 책《키사 바이 키사》로 엮었습니다. 완성된 책은 종이의 질감, 사진의 배치, 타이포그래피까지 마치 여행의 과정이 고스란히 손에 잡히는 오브제 같습니다. 매일의 작은 기록이 모여 완성된 작품이 된 셈입니다. "여행을 이렇게 기록하니, 단순한 추억이 아니라 내가 걸은 시간의 작품이 되더군요." 크레이그의 사례는 걷기-기록-공유의 반복만으로도 삶이 얼마나 깊어질 수 있는지, 그리고 그 흔적이 어떻게 나만의 서사가 되는지를 선명히 보여 줍니다.

크레이그 모드의 《키사 바이 키사》 단행본 ©Special Projects Shop

✱ ✱ ✱

브랜드가 흔적의 효용성을 구현하는 다섯 가지 방법

지금까지 살펴본 브랜드 사례들을 통해 우리는 하나의 명확한 흐름을 발견할 수 있습니다. 바로 '작은 시도에서 찾는 큰 의미'가 우리 시대의 키워드가 되고 있다는 것입니다. 아이폰 일기 어플은 평범한 일상을 의미 있는 흔적으로 발굴하며, 비리얼은 날것 그대로의 순간을 소중한 기록으로 만들죠. 페브카페는 실험과 과정에 가치를 부여하고, 맷 다벨라 역시 30일의 작은 실험을 큰 인사이트로 만들어 냅니다. 해비티카는 실패마저 게임의 일부로 받아들이고 크레이그 모드는 일상을 예술로 승화시키는 모든 과정을 전합니다.

이 모든 것들이 우리에게 던지는 메시지는 하나입니다. **모든 시도와 과정은 그 자체로 충분히 의미 있다**는 것이죠. 이들 브랜드가 공통적으로 사용하는 구체적인 방법을 분석하면 네 가지로 정리할 수 있습니다.

작은 행동을 큰 의미로 바꾸기

평범한 하루도 기록할 가치가 있다고 말하는 애플의 일기 어플처럼, 이들 브랜드는 사람들이 이미 하고 있는 작은 행동에 새로운 의미를 부여합니다. 그냥 하는 일을 의미 있는 실천의 한 걸음으로 재정의하는 것입니다.

완벽함보다 지속성을 중시하기

완벽한 결과보다는 꾸준히 시도하는 것 자체의 가치를 강조하는 방식을 선호합니다. 이는 베타라이프 시대의 핵심 철학인 지속적인 실험과 개선에 정확히 부합합니다.

개인화된 실천 경로 제공하기

페브카페가 각자의 관심사에 맞는 창작 경험을 제공하듯, 획일적인 성공 공식이 아닌 개인별 맞춤형 실천 방식을 지원합니다. 정해진 답이 없는 베타라이프 시대에 각자가 시도하는 과정을 지지하고 돕습니다.

커뮤니티와 함께하는 경험 만들기

해비티카의 파티 시스템, 비리얼의 상호적 공유 구조, 페브카페의 메이킹 일기 전시처럼, 혼자만의 노력이 아닌 함께하는 경험을 제공합니다. 비슷한 과정을 겪고 있는 사람들과의 연결감이 형성될 때 개인의 작은 노력들이 더욱 의미 있게 느껴지기 때문이죠.

베타라이프 시대
두 번째 코드

데이터 리추얼

데이터로 최적화하는 일상

아침에 눈을 뜨면 제일 먼저 휴대폰을 집어 듭니다. 어젯밤 내 수면 점수가 몇 점이었는지 확인하고, 손목에 찬 시계로 오늘 걸음 목표를 맞추죠. 공복에 올리브유 한 스푼, 아침의 첫 물 한 잔을 어플에 기록하면 비로소 하루가 시작됩니다. 기록하는 일이 귀찮게 느껴지던 때도 있었지만, 어느새 이런 작은 습관이 없으면 허전한 느낌입니다.

'**데이터 리추얼**Data Ritual'은 이렇게 일상을 수치와 기록으로 꾸려 가는 생활 습관을 말합니다. 리추얼이란 종교적인 의식에서 유래한 단어로, 나 자신을 위해 반복적으로 행하는 의식적인 행위나 의도적인 습관을 의미합니다. 단순히 매일 반복하는 루틴과 달리, 리추얼은 행위 자체에 특별한 의미와 목적을 부여하며, 이를 통해 일상에 활력을 불어넣고 스

애플의 수면 단계 체크 및 움직이기 목표 세우기 ⓒApple

두 번째 코드: 데이터 리추얼　53

스로를 성장시키는 과정입니다.

한 가지 일만 잘해도 충분했던 시절은 지나갔어요. 우리는 본업을 하면서 부업도 하고, 새 기술을 배우고, 건강을 챙기고, 새로운 관계도 만들어 갑니다. 동시에 여러 공을 저글링하는 이 시대의 멀티플레이어에게 데이터는 지도이자 계기판입니다. '열심히' 같은 형용사 대신 '아침 스탭퍼 30분' '수면 점수 79점' '1일 1포스팅' '팔로워 1,000만 목표'처럼 구체적인 지표로 하루를 설계하죠. 중요한 건 '무엇을 했느냐'보다 '얼마나, 어떻게 했고, 그 결과가 어땠는가'입니다.

5년차 직장인 현수 씨는 수면 외에도 매일의 걸음 수, 수분 섭취량, 운동을 통한 칼로리 소비량, 심지어는 하루에 달아야 할 블로그 댓글 수까지 체크하며 최적의 루틴을 만들어 가고 있습니다.

> "평일엔 회사에 출근하고, 퇴근 후엔 블로그 활동을 하고 있어요. 최근 주말엔 이모티콘을 만드는 온라인 강의를 듣고 있고요. 이런 루틴을 유지하려면 무엇보다 체력이 중요하더라고요. 특히 전날 잠을 충분히 자지 못하면 다음 날을 망치게 되는 경우가 많아요. 일별 평균을 보니 대체로 화요일에 수면 점수가 낮더라고요. 그래서 화요일엔 조금 일찍 모니터를 끄고 책을 읽다가 잠들어요."

수진 씨는 타이머를 하나 장만했습니다. 이 타이머로 피부 관리 15분, 2시간마다 10분 휴식, 5분 명상, 독서 1시간 등 하루의 많은 활동을 시간 단위로 나누어 관리합니다. 처음엔 번거롭게 느껴졌지만, 막상 해보니 정해진 시간 안에서만 집중하면 된다는 것이 오히려 부담을 덜어 준다고 해요. 타이머의 '띠링' 소리는 다음 칸으로 넘어가라는 신호이자, 지금까지의 성과를 확인하는 작은 축포가 됩니다.

> "5분 명상은 가볍게 시작할 수 있어서 좋아요. 5분이 7분이 되고, 어느 날은 10분이 되더라고요. 숫자가 눈에 보이니 그만큼 부담도 줄어들고, 성취감이 커지기도 하죠."

왜 지금, 숫자일까?

이런 변화의 배경에는 베타라이프 특유의 동시다발적 실험 환경이 있습니다. 일과 배움, 체력과 관계, 재정과 취미가 한 테이블 위에 놓여 있죠. 각각을 동시에 추적하고, 제한된 시간과 에너지를 최대한 효과적으로 활용하려면 데이터 기반의 의사결정이 필수입니다.

무엇보다도 베타라이프는 빠른 피드백과 개선을 전제로 합니다. 그래서 오늘날의 데이터란 실행 유무만을 확인하는 지표가 아니라 강도, 지속 시간, 질까지 담아내는 정보가 됩니다. 단순히 '운동했다'가 아니라 '웨이트 15분, 인터벌 10분, 마무리 스트레칭 5분, 밤엔 깊은 수면 42분' 같은 정보들이 쌓이면, 나만의 최적화 레시피가 만들어집니다. 다음 실험은 이 레시피를 조금 더 정교하게 다듬는 일이 되죠.

스마트폰과 웨어러블 기기의 보편화는 일상의 모든 활동을 자동으로 추적하고 기록할 수 있는 환경을 조성했습니다. 과거에는 일일이 기록하기 어려웠던 수면 패턴, 심박수, 걸음 수, 칼로리 소모량 같은 데이터들이 이제는 자동으로 수집되고 분석되죠. 이 같은 데이터 중심적 사고를 확산시킨 몇 가지 사회 변화 현상은 다음과 같습니다.

폭발적으로 늘어난 개인 최적화에 대한 관심

누군가의 성공담보다는 나에게 맞는 방식을 찾으려는 욕구가 강해지면서, 자신만의 패턴과 효과를 발견하기 위한 데이터 수집이 중요해졌습니다. 같은 운동을 해도 사람마다 효과가 다르고, 같은 수면 시간이라도 개인별로 컨디션이 달라지기 때문에 자신만의 데이터를 통해 최적의 조건을 찾아내려는 거죠.

특히 베타라이프를 사는 사람들에게 효율성은 생존과 직결된 문제입니다. 여러 프로젝트를 동시에 진행하면서도 각각에서 의미 있는 성과를 내려면 시간과 에너지를 정말 효율적으로 사용해야 해요. 어떤 시간대에 집중력이 가장 높은지, 어떤 음식을 먹었을 때 오후에 졸리지 않는지, 어떤 운동을 했을 때 다음 날 컨디션이 가장 좋은지 같은 개인적 패턴을 파악하는 것이 경쟁력이 됩니다.

성장을 눈으로 확인하고 싶은 욕구

불확실한 시대에 자신이 발전하고 있다는 확신을 얻기 위해서는 명확한 지표가 필요합니다. 막연히 나아지고 있다는 느낌보다는 '지난달보다 10% 향상되었다' '6개월 전과 비교해 3배 좋아졌다' 같은 구체적

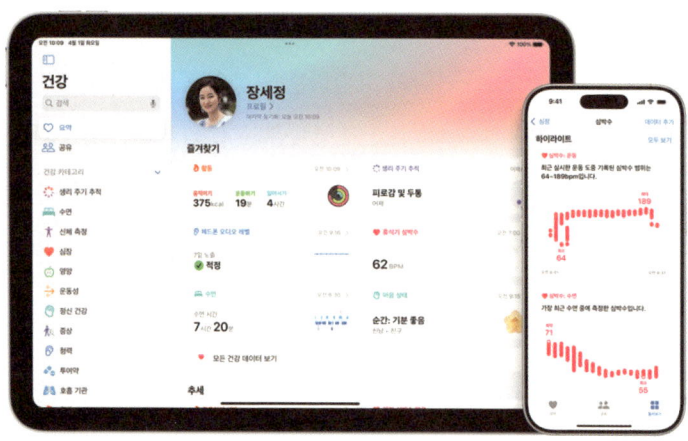

구체적인 데이터 기반의 관리 ⓒApple

인 데이터가 더 강한 동기부여와 성취감을 제공하죠. 사소한 발전도 수치로 확인할 수 있는 데이터는 이런 사람들의 욕구를 충족시켜 줍니다.

데이터에 대한 신뢰

기업의 데이터 중심 문화가 개인 생활에도 스며든 측면이 있습니다. 팀에서 KPI$^{\text{Key Performance Indicators}}$(핵심성과지표)를 세우고 성과를 측정하듯, 개인의 삶에서도 OKR$^{\text{Objectives and Key Results}}$(목표와 핵심 결과)을 설정하고 정기적으로 성과를 리뷰하는 방식이 적용되고 있는 거예요. 비즈니스 세계에서 검증된 관리 방법론을 개인 차원에서 활용하는 것입니다.

피트니스와 헬스케어 분야에서 시작된 셀프 트래킹 문화도 중요한 배경입니다. 만보기에서 시작해 심박수 모니터, 수면 추적기, 칼로리 계산 어플 등이 대중화되면서, 건강 관리를 위한 데이터 수집이 일상화되었어요. 이런 경험이 다른 영역으로도 확산된 것이죠.

퀀티파이드 셀프$^{\text{Quantified Self}}$ 운동*과도 맥락이 닿아 있어요. 자신의 모든 활동을 수치화해서 더 나은 삶을 추구하려는 움직임이 한국에도 영향을 미치면서, 개인 데이터에 대한 관심과 활용 의지가 높아졌습니다. 이러한 흐름은 진짜 나를 이해하기 위한 기록으로 진화했죠. 숫자의 나열을 넘어 AI가 제안과 분석을 돕고, 정서와 정체성의 탐구까지 데이터의 범주로 들어왔습니다.

---

* 개인이 자신의 일상 활동, 신체적·정신적 상태, 건강, 습관 등 다양한 데이터를 센서, 웨어러블 기기, 모바일 어플 등 기술을 활용해 기록, 수치화하고 이를 분석해 자기 인식과 삶의 질을 개선하는 활동이나 운동을 의미한다.

데이터로 관리하는 삶의 균형

데이터 리추얼은 기존의 자기 관리나 목표 설정 문화와 연결되어 있지만, 훨씬 체계적이고 과학적인 접근법으로 진화했습니다. 과거에도 다이어트 일지를 쓰거나 가계부를 기록하는 사람들이 있었지만, 이제는 그 범위와 정밀도가 완전히 달라졌어요.

첫째, 관리 범위가 다릅니다. 예전에는 건강이나 재정처럼 한두 가지 영역에만 집중했다면, 이제는 삶의 거의 모든 영역을 동시에 추적해요. 수면, 운동, 식사, 업무 시간, 학습 시간, 인간관계, 감정 상태까지 종합적으로 모니터링하죠. 영역 간의 상관관계를 보려는 시도도 자연스럽습니다. "야식이 늦어지면 다음 날 수면 점수가 내려가네?" "오전 러닝을 하면 오후 회의 집중도가 올라가네?" 같은 연결 말이에요.

둘째, 데이터 활용 목적이 바뀌었습니다. 과거에는 주로 문제 발견이나 현상 파악을 위해 데이터를 수집했습니다. 살이 얼마나 쪘는지, 돈을 얼마나 썼는지 확인하는 식으로요. 하지만 데이터 리추얼 코드는 예측과 최적화가 목적입니다. '어떤 조건에서 내가 가장 잘 되는가?'를 찾고, 그 패턴으로 내일의 선택을 조금 더 똑똑하게 바꾸는 것, 단순한 기록을 넘어 실행 가능한 인사이트를 도출하는 게 목표인 거죠.

셋째, 데이터 수집 자체가 일상의 의식이 되었습니다. 기존에는 좋은 습관을 만든 다음에 그것을 확인하기 위해 데이터를 기록했다면, 이제는 데이터 수집 자체가 습관이 되었어요. 매일 체중을 재고, 수면 점수를 확인하고, 목표 달성율을 체크하는 것 자체가 하루를 시작하는 의식이 된 거죠. 여기서 나온 데이터들은 서로 이어져 나만의 라이프 대시보드를 만들고, 삶의 균형과 방향을 관리하는 도구가 됩니다.

데이터 리추얼은 2~30대를 중심으로 확산되고 있지만, 각 세대마다 접근 방식과 관심 영역에 차이가 있습니다. 20대는 주로 자기계발과 커리어 준비를 위한 데이터에 집중합니다. 학습 시간 추적, 스킬 향상 정도 측정, 네트워킹 활동 기록 같은 미래를 위한 투자 활동들을 수치화하는 경우가 많습니다. 또한 소셜미디어 지표(팔로워 수, 좋아요, 조회수)를 통해 퍼스널 브랜딩의 성과를 측정하는 것도 이 세대의 특징이에요.

30대는 건강과 워라밸에 더 관심을 보입니다. 업무 효율성 데이터와 함께 스트레스 지수, 수면의 질, 운동 성과 같은 웰빙 관련 지표들을 종합적으로 관리하려고 합니다. 특히 결혼, 육아, 주택 구매 같은 라이프 이벤트와 관련된 재정 데이터도 적극적으로 추적합니다.

4~50대도 점차 이런 문화에 동참하고 있어요. 특히 건강에 대한 관심이 높아지면서 혈압, 혈당, 체중 같은 건강 지표들을 스마트 기기로 관리하는 사람들이 늘어나고 있습니다. 또한 은퇴 준비를 위한 재정 관리나 새로운 취미 활동의 성과 측정에도 데이터를 활용하고 있어요.

결국 데이터 리추얼은 **복잡하고 불확실한 현대 사회에서 개인이 자신의 삶을 효과적으로 관리하고 최적화하기 위해 개발한 새로운 생활 기술**이라고 할 수 있습니다. 숫자에 끌려다니는 게 아니라, 나를 돌보는 언어로 숫자를 활용하려는 시도죠. 단순히 기록하는 것을 넘어 인사이트를 도출하고 지속적으로 개선해 나가는 이런 방식은, 앞으로 더욱 복잡해질 개인의 삶을 관리하는 가장 기본적인 노력이 될 것입니다.

문제를
해결하여
데이터 리추얼을
돕는 브랜드

매일 모인 일상의 데이터들은 나만의 최적화 지도가 되어, 더 가볍게 다음 실험으로 나아갈 수 있도록 이끕니다. 데이터 리추얼이 단순한 트렌드가 아닌 전 세계적 현상임을 보여 주는 다섯 가지 사례를 통해, 이 새로운 일상의 코드가 어떻게 개인의 삶을 변화시키고 있는지 살펴보겠습니다.

스트라이드
완벽한 목표 달성 시스템의 설계

스트라이드Strides는 한마디로 '내 삶의 대시보드'입니다. 목표와 습관을 한 곳에서, 보기 쉬운 그래프와 숫자로 추적하게 하죠. 전 세계 142개국에서 수십만 명이 쓰고 있고 앱스토어에서 4.8이라는 높은 평점을 기록하고 있습니다. 단순한 체크박스가 아니라 SMART 목표부터 네 가지 트래커(습관, 목표, 평균, 마일스톤), 150개 이상의 템플릿, '계획 → 실행 → 리뷰'로 이루어진 진행률 보고서까지 한 화면에 담겨 있습니다.

"새해 목표에 대해 생각하다가 한 곳에서 모든 목표와 습관을 설정하고, 추적하고, 관리하고, 진행 상황을 볼 수 있는 어플이 없다는

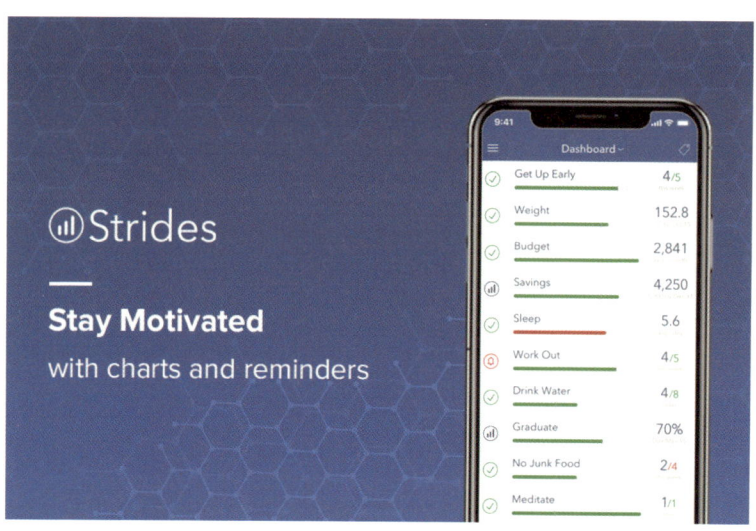

스트라이드 소개 ©MobileAppDaily

걸 깨달았어요."

산업공학을 전공한 스트라이드 창업자 카일[Kyle]은 자신을 '거의 10년 동안 생산성 소프트웨어에 강박적으로 빠져 있던 사람'이라고 소개합니다. 수십 개의 할 일 목록 어플과 프로젝트 관리 도구 어플을 구매하고 사용했지만, 항상 뭔가 아쉬웠다고 해요. 그는 스스로를 위해 만든 습관 추적 어플을 통해 40파운드를 감량하고, 체지방을 7% 포인트 줄이고, 10만 달러 이상의 부채를 갚으면서도 가족과 취미에 더 많은 시간을 보낼 수 있었습니다.[14] 이는 막연히 열심히 하는 것이 아니라, 구체적이고 측정 가능한 지표들로 자신의 삶을 설계하는 데이터 리추얼의 완벽한 실현이라고 할 수 있습니다.

스트라이드의 핵심 철학은 생각보다 아주 단순합니다. 사람들이 포기하는 이유가 '목표가 너무 커서'가 아니라 '중간에 성취감을 느끼지 못해서'라는 것입니다. 예를 들어, '10kg 감량'이라는 목표를 세웠을 때는 딱 10kg을 다 뺀 그 순간에만 행복할 수 있습니다. 그 전까지는 계속 실패를 느끼죠. 2kg를 빼도, 5kg를 빼도, 9kg를 빼도 여전히 목표를 달성하지 못한 사람이라는 기분이 듭니다.

스트라이드는 바로 이 지점에서 문제를 발견했습니다. 목표 달성까지 기다릴 필요 없이, 지금까지 얼마나 왔는지와 목표 달성 페이스에 맞춰 잘 나아가고 있는지를 보여 줌으로써 과정 자체를 더 쉽고 보람 있게 만들고 싶다는 카일의 말처럼 말이죠. 그래서 스트라이드는 '10kg 감량 성공'이라는 마지막 순간의 축하를 기다리게 하지 않습니다. 대신 매주 '이번 주 0.5kg 감량!'이라는 작은 성취들을 축하합니다. 화려한 그래프와 시각적 피드백으로 당신이 지금 잘하고 있다는 걸 계속 보여 주는 것입니다.

바쁨과 생산성을 구분하는 법

때때로 우리는 '생산적인 것'과 '바쁜 것'을 구분하지 못합니다. 카일도 처음에는 스트레스를 받고 미친 듯이 뛰어다니기만 하면 생산적이라고 생각했다고 고백했죠. 누구나 하루 종일 바쁘게 움직였는데 정작 중요한 건 하나도 못 한 기분이 드는 날을 경험했을 것입니다.

그래서 스트라이드는 '생산적인 것은 바쁜 것보다 중요하다'라는 가치를 전달합니다. 단순히 실행 유무를 체크하는 게 아니라 사용자가 어떤 패턴으로 일하는지, 언제 가장 효율적인지, 어떤 방식이 당신에게 맞는지를 데이터로 보여 주죠. 예를 들어 '운동하기'라는 목표가 있다면, 스트라이드는 단순히 성공, 실패를 보여 주는 것이 아니라 몇 퍼센트의 성공률을 달성했는지, 연속으로 성공한 최고 기록은 며칠인지, 지난 달보다 이번 달에 몇 퍼센트 더 좋아졌는지 같은 지표를 보여 줍니다.

이런 데이터는 단순히 숫자가 아니라 성장의 증거가 됩니다. 진행률 표시줄과 독특한 목표 달성 속도 시스템, 연속 기록, 성공률, 캘린더, 선 차트 등 다양한 방식으로 사용자의 발전을 시각화하죠. 사용자들은 "반복 습관을 위한 최고의 어플!" "여러 목표를 추적하고 모두 한 화면에서 볼 수 있어 완벽하다." "이 어플을 사용하기 시작한 이후 체계적으로 살게 되어, 삶에 대한 만족도가 올라갔다." 같은 후기를 남겼습니다. 데이터가 습관 형성의 결과물이 아니라 습관 그 자체가 되는 것, 그리고 그 습관을 통해 더 나은 오늘을 만드는 것이 스트라이드를 통해 현실이 되었습니다.

훕
회복의 과학을 사회적 게임으로 만든 플랫폼

하버드 대학생이던 윌 아메드Will Ahmed가 창립한 훕WHOOP은 36억 달러의 기업 가치를 인정받는 웨어러블 헬스테크 회사입니다. "인간 능력의 한계를 없애다.Unlock Human Performance."라는 미션 하에 수면, 회복, 스트레인(운동 강도), 심박수 변이도 등을 24시간 추적하는 서비스를 제공하죠. 핵심은 기분이 아니라 수치로 하루를 설계하게 한다는 점입니다.

트라우마에서 탄생한 혁신

하버드에서 스쿼시 팀 주장을 맡았던 윌은 거의 매 시즌마다

훕 홈페이지 홍보 이미지 ©WHOOP

과도한 트레이닝 과정을 겪었습니다.

> "더 건강해지고 강해지기 위해 엄청난 노력을 기울이다가 갑자기 절벽에서 떨어지는 기분을 느끼곤 했어요. 몸이 감당할 수 있는 한계를 훨씬 넘어서 밀어붙였기 때문이었죠. 그래서 내 몸의 무엇을 측정할 수 있는지에 깊은 관심을 갖게 되었습니다."[15]

그는 단순한 어플 개발을 넘어 생리학적 근거를 직접 연구하기 시작했습니다. 학교에 다니는 동안 수많은 의학 논문을 읽고, 인간의 몸을 지속적으로 이해하는 방법에 대한 논문을 직접 쓰기도 했죠. 그게 바로 훕의 사업 계획이 되었습니다. 이는 베타라이프 시대의 핵심 동기, '어떤 실험이 효과가 있는지, 어떤 방식이 더 효율적인지를 판단하려면 명확한 지표가 있어야 한다'라는 욕구에서 출발한 것입니다.

훕은 기존 웨어러블 헬스테크가 걸음 수와 칼로리에 집중하던 틀을 깨고, '회복 상태'를 계량화했습니다. 특히 심박수 변이도 HRV를 일반인

몸의 회복 상태를 데이터화 한 훕 ©WHOOP

이 이해하고 사용할 수 있는 지표로 끌어내린 게 결정적이었죠. 비즈니스 모델도 선명합니다. 구독 모델 중심에 디바이스는 무료예요.

훕의 가치는 하드웨어보다 개인화된 분석에 있습니다. 훕은 호주 스포츠 연구소[AIS]가 후원한 독립적인 제3자 연구의 심박수 측정에서 99.7%, 심박수 변이도 측정에서 99%의 정확도를 기록했습니다. 아울러 수면을 단순히 시간으로 측정하는 것을 넘어 4단계 수면(얕은 잠-깊은 잠-렘 수면-깨어 있음) 단계를 거의 완벽한 정확도로 추적하며, 스트레인 점수는 0~21 스케일로 운동뿐만 아니라 업무, 불안, 심부름, 육아 등 모든 일상 활동의 심혈관 및 근육 부하를 측정할 수 있습니다.

특히 훕은 사용자가 140개 이상의 행동(카페인 섭취, 아침 햇빛, 블루라이트 차단 안경, 모유 수유 등)을 기록하여 어떤 습관이 회복에 도움이 되고 해가 되는지를 개인화된 데이터로 확인할 수 있게 합니다. 어떤 시간대에 집중력이 가장 높은지, 어떤 음식을 먹었을 때 오후에 졸리지 않는지, 어떤 운동을 했을 때 다음 날 컨디션이 가장 좋은지 같은 개인적 패턴을 파악하는 과정을 자동화한 것입니다.

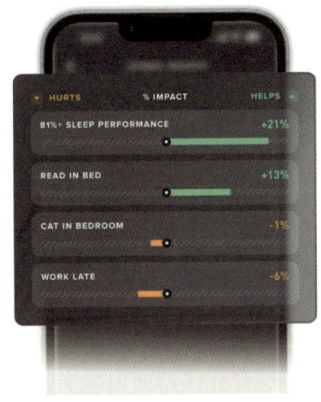

훕의 저널 기능 ©WHOOP

이러한 시스템을 바탕으로 창립자 윌은 자신의 훕 데이터를 정기적으로 공개하며 투명성 철학을 실천합니다. 매일 차가운 물에 몸을 담그는 콜드 플런지cold plunge부터 초월 명상까지, 자신의 모든 건강 습관을 데이터로 추적하고 공유하고 있죠.

기분이 아닌 데이터로 최적화하는 일상

'어제 늦게 자서 피곤해' '스트레스를 너무 많이 받은 것 같아' '운동을 너무 힘들게 한 것 같아'… 이런 기분은 종종 우리의 하루를 더욱 힘겹게 만듭니다. 하지만 훕을 차고 있으면 추측이 아닌 사실을 알 수 있습니다. 어젯밤 깊은 잠을 얼마나 잤는지, 심박수가 평소보다 얼마나 높았는지, 어떤 활동이 회복에 도움이 되고 어떤 건 방해가 되는지 등, 24시간 내내 몸이 보내는 신호들을 정밀하게 측정하고 분석해 주기 때문입니다.

더 신기한 건 패턴을 발견할 수 있다는 것입니다. '아, 저녁 8시 이후에 술을 마시면 다음 날 회복 점수가 확실히 떨어지는구나' '명상을 10분만 해도 스트레스 수치가 눈에 띄게 좋아지네' 같은 개인적인 패턴을 발견하게 되면, 더 이상 인터넷에 떠도는 일반적인 건강 조언에 의존하지 않게 됩니다. 내 몸만의 고유한 리듬과 특성을 이해하게 되는 거죠.

'더 건강해져야 해'라는 막연한 다짐이 얼마나 공허한지는 우리 모두 알고 있습니다. 작심삼일로 끝나는 이유도 구체적인 방법이나 기준이 없기 때문이죠. 결국 훕이 만들어 낸 건 생활 패턴의 혁신입니다. 감에 의존하던 건강 관리가 과학적이고 체계적인 시스템으로 바뀐 것입니다. 아침에 회복 점수를 확인하고, 오늘의 활동 강도를 결정하고, 저녁에는 하루의 데이터를 리뷰하면서 내일을 계획하는 이 모든 과정이 하나의 의식처럼 자리 잡게 되는 거예요. 단순한 웨어러블 기기가 아니라, 데이터를 통해 자신을 이해하고 끊임없이 개선해 나가는 새로운 생활 방식의 상징이 된 셈입니다.

파크런
매주 토요일 오전의 데이터 의식

아침마다 전 세계 2,000여 곳에서 같은 풍경이 펼쳐집니다. 공원 입구에 선 사람들이 손목에 바코드가 저장된 시계나 휴대폰을 확인하고, 가벼운 스트레칭을 한 뒤 출발

런던의 파크런 현장 ©Parkrun

달리기 보고서 ©Parkrun

선으로 모입니다. 이 행사의 이름은 파크런Parkrun으로, 5km를 달리거나 걸으면 끝나는 무료 이벤트입니다. 5대륙 23개국에서 매주 토요일 아침 동시에 진행되죠. 단순한 달리기 모임 같지만, 실제로는 현대인의 데이터 리추얼을 가장 일상적으로 보여 주는 사례입니다.

파크런의 매력은 기록을 '남긴다'는 데 있습니다. 참가자들은 단지 달리기만 하지 않습니다. 삶의 만족도, 행복감, 건강 상태, 신체 활동, 동기 같은 경험이 측정 가능한 데이터로 차곡차곡 쌓이죠. 그래서 토요일 아침은 개인의 기록 향상을 넘어, 커뮤니티 전체의 건강 지표를 천천히 올리는 의식처럼 느껴집니다.

방식은 아주 간단합니다. 파크런 웹사이트에 한 번만 등록하면 개인 바코드가 발급돼요. 이걸 어플이나 스마트워치에 저장해 두면 세계 어디서든 사용할 수 있습니다. 토요일, 각자 속도로 5km를 완주한 뒤 바코드와 완주 토큰을 스캔하면 그 순간부터 완주 시간, 순위, 개인 최고 기록PB 달성 여부, 총 참가 횟수, 연령별 등급 같은 상세 통계가 자동으로 생성되어 웹에 올라갑니다. 오늘 운동을 했다는 단순하고 막연한 기억이 아니라, 구체적인 데이터로 재확인되는 토요일의 즐거운 이벤트로 남죠.

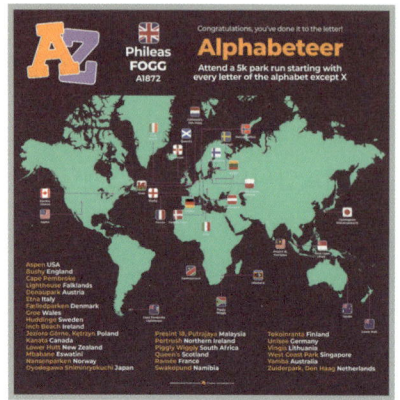 

좌) 알파벳티어 챌린지 포스터 ©IG Designs
우) 알파벳티어 챌린지 깃발 ©eBay UK

    참가자들은 자신의 홈 파크런이 아닌 다른 지역의 파크런에 참가하는 것을 즐기며, 일부는 매주 다른 장소의 파크런을 찾아다니기도 합니다. '알파벳티어Alphabeteer' 챌린지는 알파벳 각 글자로 시작하는 파크런 장소를 모두 완주하는 것이고, '런더니Londonee' 챌린지는 런던의 모든 파크런을 완주하는 것이죠.

    파크런의 데이터 시스템은 참가자들이 자신만의 최적화 패턴을 발견할 수 있도록 설계되어 있습니다. 매주 동일한 시간에 진행되는 특성상, 참가자들은 자신의 컨디션, 날씨, 준비 상태 등 다양한 변수가 성과에 미치는 영향을 정확히 측정할 수 있죠. 예를 들어, 한 참가자는 자신이 금요일 밤에 충분히 잠을 자지 못했을 때와 잘 잤을 때의 기록 차이를 비교할 수 있고, 다른 참가자는 아침 식사를 하고 뛴 날과 공복에 뛴 날의 성과 차이를 분석할 수 있습니다. 이는 데이터 리추얼의 핵심 목표인 개인 맞춤형 최적화를 실현하는 구체적인 방법입니다.

    마일스톤 시스템도 흥미롭습니다. 파크런은 참가 횟수에 따라 마일스톤 티셔츠를 지급합니다. 보라(25회), 빨강(50회), 검정(100회), 초록(250회), 파랑(500회) 순으로 숫자가 색으로 변해 옷장에 걸립니다. 기록표의 숫자를 넘어, 손에 잡히는 성장의 증거가 생기는 거죠. 다음 토요일에 신발 끈을 다시 묶는 이유가 여기에 있습니다.

함께 뛰는 커뮤니티

현장 분위기는 언제나 따뜻합니다. 얼마 전 뉴욕 브루클린 파크런을 뛴 한 러너의 후기에서도 느껴지죠.

> "상징적인 브루클린 파크런이 드디어 첫 선을 보였는데, 536명의 러너들과 그 역사적인 순간을 함께해 정말 짜릿했어요. 코스도 아름답고 날씨까지 완벽해서, 제120번째 파크런을 기념하기에 더없이 좋은 하루였습니다."

곧바로 달린 댓글은 아래와 같았습니다.

> "우리 연령대에서 3위, 당신보다 불과 5초 뒤였어요! 저는 뉴욕 토박이인데, 말씀하신 것보다 훨씬 멋진 경험이었습니다!"[16]

서로의 기록을 확인하고, 토요일을 칭찬하는 리추얼 그 자체가 파크런의 힘이에요. 파크런의 성공 요인 중 하나가 최첨단 데이터 추적 시스템과 따뜻한 오프라인 커뮤니티를 동시에 제공한다는 점입니다. 모든 이벤트는 전적으로 자원봉사자들에 의해 운영되며, 특별한 장비나 비용도 필요하지 않죠. 포용성도 빼놓을 수 없습니다. 반려견과 함께 걷는

유모차, 반려견도 함께 즐기는 파크런 ©Parkrun

사람, 유모차를 밀며 참여하는 부모, 휠체어 이용자, 아이부터 어르신까지 누구나 자기 속도로 같은 5km를 지나갑니다.

결국 파크런은 운동 프로그램이 아니라 플랫폼에 가깝습니다. 참가자는 여기서 자신의 삶을 측정하고 관리하며 최적화합니다. 무엇보다 이 모든 과정은 강제가 아니라 즐거움으로 이루어지죠. 토요일 아침의 작은 의식은 일주일을 다시 세우는 디딤돌이 됩니다. 베타라이프를 사는 우리에게 파크런은 단순한 5km가 아니라 숫자로 하루를 돌보고, 기록으로 자신을 설계하는 방식의 출발선입니다. 그리고 그 출발선은 늘 토요일 아침, 공원 한복판에 조용히 펼쳐집니다. 작은 바코드 하나가 수백만 명의 삶의 리듬을 바꾸고 있다는 사실, 이게 바로 데이터 리추얼의 가능성입니다.

퀀티파이드 셀프 밋업
데이터로 말하는 자서전

"왜 우리는 많은 것들을 숫자로 이해하면서, 나 자신을 이해하는 데에는 숫자를 쓰지 않을까요?"

2007년 샌프란시스코, 잡지 《와이어드Wired》의 편집자였던 게리 울프Gary Wolf와 케빈 켈리Kevin Kelly가 떠올린 작은 질문이었습니다. 그리고 그 해답으로 퀀티파이드 셀프 운동이 탄생했습니다. 이 운동은 오늘 우리가 말하는 데이터 리추얼의 원형에 가깝습니다. 거창한 연구가 아니라 스스로의 삶을 추적하고 함께 나누며 배우는 모임이었죠. 두 사람이 내린 정의도 '자기 추적을 통해 자신을 알고 싶은 사람들과, 그 도구를 만드는 사람들이 함께 배우는 장場'으로 단순했습니다.

블로그 '쿨 툴Cool Tools'를 운영하며 삶을 더 낫게 만드는 도구를 소개하던 케빈은 어느 날 한 의사에게서 영감을 얻습니다. 유기농 식단 실험을 하며 자기 혈액을 직접 검사하고 싶어 하던 의사였죠. 그는 그 순간 '개인의 건강 데이터를 모으고 해석할 정보와 도구가 흩어져 있다'라는 사실을 깨닫습니다. 이후 더 개인적이고 직접적인 소통을 위해 밋업Meetup을 열기로 마음먹게 됩니다.

보여 주고 말하기

첫 모임 날, 작은 스튜디오에 30명 남짓의 참가자가 모였습니다. 누군가는 수면 패턴 그래프를 출력해 왔고, 누군가는 자작 센서의 사진을 노트북으로 보여 줬죠. 종이컵 커피 냄새가 가시기도 전에 사람들은 서로의 데이터를 가리키며 질문을 쏟아냈습니다. 게리는 그날을 이렇게 회상합니다. "발표 하나하나가 놀라웠어요. 지식의 깊이, 호기심의 밀도… 그 순간 깨달았죠. 이건 일회성 모임이 아니라 커다란 이벤트로 자라나겠구나."

퀀티파이드 셀프 밋업의 핵심은 '보여 주고 말하기Show&Tell'라는 아

퀀티파이드 셀프 밋업 현장 ©Quantified Self

주 간단한 발표 형식이에요. 발표자는 단 세 가지만 이야기합니다.

- 무엇을 했는가? (내가 추적한 행동을 구체적으로)
- 어떻게 했는가? (도구와 방식, 시행착오를 솔직하게)
- 무엇을 배웠는가? (숫자에서 뽑아낸 나만의 깨달음)

어렸을 때 모두가 학교에서 경험했던 발표와 크게 다르지 않습니다. 그런데 이 단순한 틀 덕분에, 개인의 실험이 모두의 배움으로 바뀝니다. 각자의 그래프, 스크린 샷, 사진, 장비가 하나의 이야기로 이어지고, 숫자가 의미를 얻는 순간이 탄생하죠.

샌프란시스코에서 시작된 월간 모임은 곧 뉴욕으로 퍼졌고, 지금은 전 세계 30여 개 지역, 70여 개 그룹으로 커졌습니다. 도시마다 색은 조금씩 달라도 뼈대는 같습니다. 숫자를 통해 스스로를 더 잘 이해하려는 사람들이 모여 자기가 찾은 것을 말로 풀고, 서로 묻고, 더 나은 방법을 함께 찾는 일이죠.

흥미로운 개개인의 발표들

이 흥미로운 모임에서 어떤 것들이 보여지고, 이야기되었는지 좀 더 자세히 살펴볼까요? 덴버 지역의 퀀티파이드 셀프 미팅 조직자인 폴Paul은 극한 실험가입니다. 뇌에 전기를 흘리거나 각종 보충제를 섭취해 몸의 반응을 관찰하곤 하죠. 그런 그가 이번에는 에너지 변화에 주목했습니다. 운동을 하고 식단을 관리하며 하루 4번씩 에너지를 측정하고 일상과 매핑한 결과, 예상치 못한 '투쟁 또는 도피' 반응 패턴을 발견했답니다.

UC 버클리 학생 티파니Tiffany는 대학 4년간의 시간 사용 데이터를 공개했습니다. 생산성과 성과에 대한 근본적 질문을 던지며, 시간 투입과 학업 성취 사이의 상관관계를 분석했죠. 이를 통해 성공적인 학생 경력에 대한 자신만의 정의에 도달했습니다.

이런 사례가 보여 주는 건 분명합니다. 퀀티파이드 셀프 밋업은 각자의 호기심으로 끝나던 자기 추적을 사회적 학습으로 끌어올렸어요. '3년 동안 일기를 723번 썼다' 같은 구체적 진술, 추적 도구의 캡처 화면, 그래프와 사진이 발표의 핵심 재료가 됩니다. 그 과정에서 흔적은 통찰로, 숫자는 서사로 바뀌죠.

무엇보다 중요한 건 데이터가 나의 이야기를 더 분명히 말하게 한다는 사실입니다. 숫자만으로는 차갑고, 말만으로는 흐릿할 수 있습니다. 그런데 둘이 만나면 더욱 생생한 이해가 생깁니다. 17년이 지난 지금도 퀀티파이드 셀프의 철학과 이 단순한 발표 형식은 여전히 유효합니다. 프로젝터가 하나 있는 각 도시의 방에서 사람들은 몇 장의 그래프, 진심 어린 질문과 함께 자기 삶의 리듬을 읽는 법을 배우고, 다음 달엔 조금 다른 실험을 준비합니다.

데이터 리추얼은 결국 '나는 어떤 사람이고, 무엇이 나를 움직이며, 어떻게 하면 더 잘 살 수 있을까?'라는 마음에서 자라납니다. 퀀티파이드 셀프 밋업은 그 질문을 숫자와 말로 동시에 풀어 보는 작은 교실이에요. 그리고 그 수업의 교재는 언제나 나의 하루입니다.

토글 트랙
의식적 기록이 만드는 목표 지향적 데이터 리추얼

"시간 관리는 너무 귀찮아."

생산성 도구 토글 트랙Toggl Track의 시작은 이 한 문장에 가까웠습니다. 창립자인 알라리 아호Alari Aho는 '그래서 더 간단해야 한다'고 생각했고, 전 세계 수백만 명이 쓰는 도구를 만들게 되었습니다. 이 어플의 철학은 단순합니다. 시작할 때 한 번, 끝날 때 한 번 버튼을 누르는 작은 동작이 흘러가는 시간을 목표를 향한 시간으로 바꾸어 준다는 것이죠.

원클릭 시간 추적

토글 트랙의 사용자는 작업을 시작할 때 시작 버튼을 누르고, 끝날 때 정지 버튼을 누르는 간단한 방식으로 시간을 기록합니다. 이 단순함 속에 숨은 철학은 사용자가 자신의 시간을 의식적으로 관리하도록 유도한다는 것입니다. 토글 트랙을 켜고 '디자인 시안 수정' 타이머를 눌러 보세요. 커서가 피그마 위에서 움직이는 동안, 당신의 시간도 또렷한 이름을 갖습니다. 작업이 끝나는 순간 정지 버튼을 누르면 그 사이에 흘러간 47분은 '바빴다'가 아니라 '시안 수정 47분'이라는 증거로 남아 기록됩니다. 앱스토어에도 "내용별 막대 그래프가 눈에 보이니, 스스로 그래프를 더 높이고 싶어져요."라는 내용의 후기가 많습니다. 수동 입력이 번거로운 대신, 의식적 선택을 강하게 만들어 준다는 뜻입니다.

수년간 토글 트랙을 사용해 온 한 컨설턴트는 스스로 고객을 위한 '핵심 전략 업무'에 대부분의 시간을 사용한다고 믿었는데, 몇 달간 토글 트랙으로 기록해 보니 예상치 못한 전화와 자잘한 이메일 수정 같은 비핵심 업무에 시간을 더 많이 쓰고 있었다는 사실을 발견했다고 합니다. 그는 데이터를 확인한 뒤 고객과 소통 방식을 바꾸고 프로세스를 손봤습니다. 결과는 간단합니다. 청구 가능한 시간은 늘고, 스트레스는 줄었죠. 데이터로 환산된 시간, 즉 숫자가 도와준 변화입니다. 이처럼 토글 트랙은 '시간 관리를 잘 해야지'라는 막연한 다짐을 '이 부분을 이렇게 바꿔 보자'라는 실행 가능한 계획으로 바꾸는 강력한 도구입니다.

특히 토글 트랙은 의식적 시간 관리를 돕는 몇 가지 작고 뾰족한 장치가 있습니다. 첫 번째는 '이름 붙이기'입니다. '디자인'이 아니라 '랜딩 히어로 섹션 재작성'처럼 구체적으로 쓰면, 집중의 범위가 자연스럽게 좁혀지죠. 두 번째는 '블록화'입니다. 25~50분 단위의 기록 블록이 쌓이면, 하루가 '할 일 목록'이 아니라 완료된 시간의 조각으로 보입니다. 마지막은 '주간 회고'입니다. 주말에 10분만 투자하여 대시보드를 훑으면 이번 주의 시간 투자 논리가 드러나죠. 회고를 꾸준히 하면 데이터를 기반으로 다음 주의 일정을 재배치하는 습관이 붙습니다. 토글 트랙은 자연스럽게 이런 습관을 형성하도록 유도합니다.

 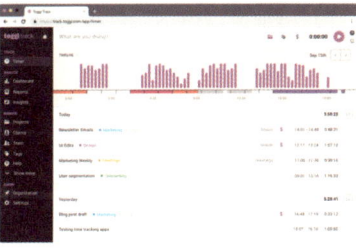

토글 트랙 화면 ©toggl track

프로젝트 기반 시간 관리의 강점

토글 트랙의 가장 큰 강점은 시간을 단순히 일한 시간이 아닌, 프로젝트별, 클라이언트별, 작업별로 세분화하여 추적할 수 있다는 점입니다. '이번 달 A사 커뮤니케이션에 26시간, 그중 콘텐츠 제작 14시간, 수정 8시간, 회의 4시간'처럼 말이죠. 누구에게, 무엇에, 얼마나 썼는지 정확히 보여 주니 여러 고객을 동시에 지원하는 분들에겐 특히 유용합니다.

디자인, 컨설팅, 코칭처럼 눈에 보이지 않는 서비스를 제공하는 사람들이 가장 많이 하는 실수가 바로 '대충 이 정도면 되겠지'하고 가격을 책정하는 것입니다. '이 작업 하루면 충분할 것 같은데'라고 생각했다가 실제로는 사흘이 걸렸는데도, 다음 프로젝트에서 또 같은 실수를 반복하죠. 정확히 얼마나 걸렸는지 기록해 두지 않았기 때문입니다. 토글 트랙을 쓰면 이런 착각에서 벗어날 수 있습니다. '로고 디자인 작업이 실

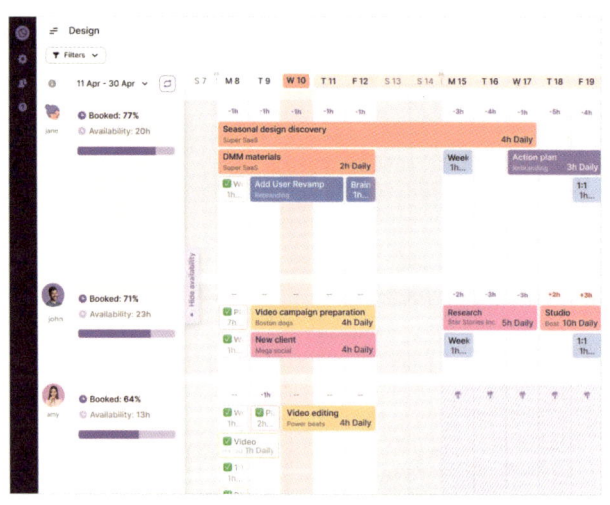

토글 트랙의 리소스 플래닝 & 프로젝트 플래닝 ©Toggl Track

제로는 15시간이 걸렸네' '홈페이지 기획에 8시간이나 더 들어갔구나' 같이 정확한 데이터가 쌓이면 자연스럽게 자신의 노동에 정당한 값을 매길 수 있습니다. 결국 자신을 저평가하지 않고 합당한 대가를 받을 수 있게 도와주는 셈입니다. 막연한 추정이 아닌 정확한 근거를 바탕으로 말이죠.

기록의 마찰을 줄이고 단단한 습관을 만들다

작동은 가볍지만, 습관은 단단하게 붙습니다. 자주 쓰는 항목을 상단에 고정해 두면 더 수월하게 타이머를 켤 수 있고, 데스크톱과 모바일이 자연스럽게 연동되니 자리에 앉아 있든 외근 중이든 흐름이 끊기지 않습니다. 캘린더 연동을 켜 두면 일정 블록이 자동으로 제안되어 회의, 집중, 이동 같은 시간도 빈틈없이 수집되죠. 기록의 마찰이 줄어들수록 더 자주, 더 오래 타이머를 켜게 됩니다.

팀 협업 환경에서도 유용합니다. 팀원별 투입 시간을 모아 보면 어디서 일이 자꾸 막히는지, 누구에게 일이 과하게 몰리는지가 금방 보입니다. 특정 작업에 특정 인력이 오래 걸리는 이유, 예컨대 승인 결재 라인이 길거나, 자료 수급이 반복적으로 지연되는 문제가 수치로 드러나죠. 이때 보고서는 비난의 근거가 아니라 프로세스를 고치는 지도가 됩니다. 사람 문제가 아니라 흐름 문제임을 설득하기가 쉬워지는 것이죠.

무엇보다 중요한 건, 토글 트랙은 시간을 '흘러간 기록'이 아니라 '전략적 자산'으로 다룬다는 점입니다. 타이머를 켜는 그 순간, 우리는 시간을 어디에 투자할지 선언합니다. 정지 버튼을 누르는 순간, 그 투자는 증거가 됩니다. 이 작은 선언과 증거가 모이면 '오늘도 바빴다'에서 '오늘 무엇에 몇 분을 써서 어디까지 갔다'로 언어가 바뀝니다. 언어가 바꿔면, 선택도 바뀌죠. 물론 모든 날이 완벽할 순 없습니다. 타이머를 켰지만 뜻대로 흐르지 않는 날도, 예기치 않은 요청이 계획을 갈아엎는 날도 있죠. 그러나 기록이 있는 하루는 그렇지 않은 하루보다 훨씬 빨리 궤도를 회복합니다. 어디서 시간을 잃었는지 보이니 다음 선택이 단단해집니다. 의식의 반복이 예측과 최적화로 이어지는 선순환, 이것이 데이터 리추얼의 힘입니다.

결국 토글 트랙이 돕는 건 거창한 결심이 아닌 작은 사실의 정직한 기록입니다. 그 내용이 쌓이면 우리는 데이터로 시간을 관리하고, 중요한 일에 시간을 모으고, 덜 중요한 일엔 선을 긋게 됩니다. 이 과정이 편의성, 시각화, 협업 보고서 같은 도구의 도움으로 지속 가능한 습관이 되죠. 베타라이프의 언어로 말하면 토글 트랙은 시간의 실험 모델을 만드는 도구입니다. 시작과 정지라는 작은 기능으로 매일의 시간을 테스트하고 업데이트하게 돕고 있으니까요. 오늘 기록이 내일의 설계가 되고, 일주일의 패턴이 다음 분기의 전략이 됩니다. 목표 지향적 데이터 리추얼, 토글 트랙은 그 실험의 가장 간단하고 강력한 시작점입니다.

* * *

데이터가 설계하는 새로운 일상의 가능성

지금까지 살펴본 다섯 가지 사례들을 통해 하나의 명확한 흐름을 발견할 수 있습니다. 숫자로 설계하는 새로운 일상이 우리 시대의 키워드가 되고 있다는 점입니다. 카일 리치가 스트라이드를 통해 보여 준 체계적인 목표 관리, 홉이 구현한 과학적 회복 추적, 파크런이 만들어 낸 전 세계적 데이터 공유 커뮤니티, 퀀티파이드 셀프가 제시한 데이터를 기반으로 한 스스로에 대한 깊은 탐색, 토글 트랙이 실현한 의식적 시간 관리. 이 모든 것들이 우리에게 전하는 메시지는 '데이터를 통해 더 나은 나를 만날 수 있다'는 것, 그 하나입니다.

브랜드가 데이터 리추얼을 구현하는 다섯 가지 방법

앞선 브랜드들의 사례를 가만히 뜯어보면, 말 그대로 일상에 스며드는 방식을 추구하는 공통의 작동 원리가 보입니다.

노력 없는 자동 기록 환경 제공하기

홉이 24시간 몸의 신호를 읽어 데이터를 쌓듯, 사용자가 따로 '적어야지' 마음먹지 않아도 유용한 정보가 차곡차곡 쌓이게 합니다. 기록의 문턱을 없애면, 데이터는 숨 쉬듯 자연스러운 일상이 됩니다.

느낌을 숫자로 번역하기

스트라이드의 진행률 그래프처럼, '오늘 진척율이 더딘 것 같아' 같은 주관적 감각을 눈에 보이는 변화로 바꿉니다. 덕분에 우리는 기분이 아니라 근거에 기대어 선택할 수 있습니다. 나아지는 중인지를 감으로 추측하지 않고, 숫자로 확인합니다.

데이터를 통한 개인화된 최적화 제안하기

이들은 데이터를 늘어놓는 데 그치지 않습니다. 파크런의 누적 기록이 수면, 식사, 코스 난이도와 성과의 상관을 읽어 내듯, 각자의 생활 패턴을 학습해 "오늘은 이렇게 해 보세요."라고 구체적으로 제안합니다. 더 나은 선택이 쉬워지는 순간이죠.

복잡한 하루를 한 눈에, 라이프 대시보드 구축하기

스트라이드는 다양한 목표를 한곳에서 관리하게 하고, 토글 트랙은 여러 프로젝트의 시간을 통합해 보여 줍니다. N잡과 다중 정체성이 얽힌 요즘, 흩어진 조각들을 한 화면으로 모으는 대시보드는 곧 마음의 여유가 됩니다. 어디서 힘을 더 쓰고, 어디서 힘을 뺄지 즉시 보이니까요.

데이터를 매개로 커뮤니티와 연결하기

파크런에서 서로의 기록을 축하하고, 퀀티파이드 셀프 밋업에서 '무엇을 했고, 어떻게 했고, 무엇을 배웠는지'를 나누듯, 데이터는 개인의 일지를 넘어 관계의 언어가 됩니다. 비슷한 목표를 향하는 사람들이 숫자를 사이에 두고 배우고 격려합니다. 함께 쌓은 기록은 결국 함께 성장한 증거가 됩니다.

베타라이프 시대
세 번째 코드

인스턴트 네트워킹

지금 내게
필요한 관계

지난주 연희동에서 처음 보는 두 사람이 '뜨개질'이라는 공통 관심사를 바탕으로 자연스럽게 대화를 시작하고, 서로의 SNS를 팔로우하는 광경을 목격했습니다. 예전 같으면 '처음 보는 사람과 왜 그렇게 쉽게 연락처를 주고받지?' 싶었을 텐데, 이제는 이런 풍경이 이상하지 않죠. 오히려 당연해 보이기까지 합니다.

온라인 스터디 모임에서 만난 사람과 한 달 동안 매주 화상으로 함께 공부하다가, 각자 목표를 달성한 후 자연스럽게 연락이 끊어지는 경우도 있습니다. 그러나 누구도 서로 서운해하거나 실패한 관계라고 생각하지 않죠. 오히려 '그때 정말 도움이 됐지'라며 좋은 기억으로 남깁니다. 이런 변화는 우리가 관계를 대하는 방식이 근본적으로 달라졌다는 신호입니다.

가벼워진 관계, 즉각적인 연결

최근 젊은 층을 중심으로, 전통적인 인맥 구축 방식을 벗어나 필요와 상황에 따라 즉석에서 가볍고 유연한 관계를 형성하는 새로운 사회적 연결 방식이 나타나고 있습니다. 이는 단순히 네트워킹 기법의 변화를 넘어서, 현대인들이 관계에 접근하는 전반적인 감수성의 변화를 반영합니다. 무거운 의무감이나 지속적인 만남에 대한 부담 없이, 특정 순간과 목적에 맞는 가벼우면서도 의미 있는 연결을 추구하는 것이죠.

기성세대의 인맥 쌓기에서 한 걸음 비껴 있는 이러한 관계 구축의 변화를 '**인스턴트 네트워킹**'이라고 이름 붙였습니다. 인스턴트 네트워킹은 필요와 상황에 따라 즉석에서 가볍게 만나고, 목적이 끝나면 깔끔하게 놓아 주는 연결 방식입니다. 이들에게 중요한 건 '얼마나 오래 알았는가'가 아니라 '지금 무엇을 주고받을 수 있는가'입니다. 같은 초등학교, 같은 지역 같은 과거의 끈보다는 현재의 관심사, 목표, 가치가 더 단단한 연결이 되죠. 냉정하거나 이기적으로 느껴질 수도 있지만, 실제로는 더 효율적이고 건강한 관계를 만들기도 합니다. 서로에게 필요한 도움을 주고받되, 과도한 기대나 의무 없이 편안하게 지낼 수 있으니까요. 온라인에서 처음 본 사람과도 깊은 대화를 나누고, 일회성 모임이어도 진심을 주고받곤 합니다.

그 배경엔 베타라이프 특유의 실험적 태도가 깔려 있습니다. 여러 가능성을 동시에 시험해 보는 사람들에겐 매 실험마다 다른 조언자, 동반자, 멘토가 필요하기 마련입니다. 평생 친구를 만들겠다는 부담 대신, 지금 필요한 만큼의 관계를 만들고 서로 도와준 뒤엔 가볍게 각자의 자리로 돌아가기를 바라죠. 그래서 인스턴트 네트워킹은 오늘의 나를 앞으로 한 칸 밀어 주는, 가장 효율적인 연결 방식입니다.

> 지난 금요일 프리랜서 디자이너로 일하는 다은 씨는 SNS에서 알게 된, 다른 업계에서 역시 프리랜서로 일하고 있는 몇 명을 화상회의에 초대했습니다. "프리랜서로 일하며 겪는 크고 작은 이야기들을 서로 듣고 나눌 수 있으면 좋겠다는 생각으로 이번 커피챗을 기획하게 됐어요. 같은 프리랜서여도 업계마다 각자 다른 어려움이 있더라고요. 불안감이나 혼자 일하는 외로움 같은 이야기도 많이 나눌 수

있어서 좋은 시간이었던 것 같아요." 한 시간 남짓의 대화는 정보 교환을 넘어 혼자 버티지 않아도 된다는 안심을 남겼습니다. 견적 템플릿을 서로 공유하기로 했고, 좋은 회계사님을 소개하기도 했죠. 필요만큼의 연결이 정확히 제 역할을 한 순간이었습니다.

물론 인스턴트 네트워킹이 완전히 새로운 현상은 아닙니다. 과거에도 '인맥 관리' '네트워킹 파티' '소개팅' 같은 형태로 목적성 있는 관계 형성은 존재했어요. 하지만 기존의 네트워킹이 주로 비즈니스나 결혼 같은 명확한 목적을 위한 것이었다면, 인스턴트 네트워킹은 훨씬 다양하고 열린 형태로 진화했습니다.

과거와는 다른 관계의 모습

과거에는 직장, 학교, 동네 같은 고정된 소속 안에서 자연스럽게 관계가 깊어졌습니다. 하지만 지금은 직장을 자주 바꾸고, 이사도 잦고, 원격근무로 물리적 만남 자체가 줄었죠. 과거의 방식이 더는 잘 작동하지 않습니다. 우리의 모습도 한 가지로 규정할 수 없어요. 회사에서의 나, 덕질하는 나, 부업하는 나처럼 상황마다 역할이 나뉘니 연결도 역할별로 찾습니다. 한 사람이 내 모든 면을 이해해 주길 기대하기보다 각 영역에서 맞는 사람을 선택해 만나는 게 현실적이죠.

인스턴트 네트워킹의 결정적인 동기는 기회의 확장입니다. 프로젝트마다 필요한 기술도, 조언도 다릅니다. 가볍게 연결된 사람들의 폭이 넓을수록, 필요할 때 정확한 도움을 빠르게 호출할 수 있습니다. 에너지가 많이 드는 깊은 관계에 비해 정서적 효율도 큽니다. 깊은 관계는 일을 동시에 굴리는 사람에겐 때로 부담이 됩니다. 적당한 거리를 유지하면서도 서로에게 도움이 되는 관계가 정서적으로 더 편안하고 지속 가능하다고 느끼는 것입니다. 이처럼 관계에 대해 다른 관점을 가지게 된 배경으로 몇 가지 사회 변화를 꼽을 수 있습니다.

디지털이 만든 새로운 연결의 가능성

예전에는 같은 동선 안의 사람들하고만 관계를 맺을 수 있었다면, 이제는 온라인에서 공통 관심사를 가진 사람들을 쉽게 찾을 수 있습니다. 링크드인에서 같은 업계 전문가를 찾거나, 인스타그램에서 취미가 비슷한 사람들을 팔로우하거나, 온라인 커뮤니티에서 고민을 나누는 일이 일상이 됐죠. 지리적 제약이 사라지니 훨씬 다양하고 전문적인 사람들과 만날 수 있게 된 것입니다.

직장과 삶의 경계가 흐려짐

코로나19 이후 재택근무가 일상화되면서 집에서 일하고, 카페에서 회의하고, 공원에서 아이디어를 구상하는 새로운 일의 방식이 자리 잡았습니다. 한국갤럽 조사에 따르면 20대 재택근무자 절반 이상이 카페나 도서관 같은 제3의 공간에서 일하는 것을 선호한다고 합니다.[17] 이런 변화에 따라 일과 사생활, 업무와 개인적 관심사의 경계도 모호해졌습니다. 업무 관련 만남이 개인적 친분으로 이어지기도 하고, 취미로 시작한 관계가 비즈니스 기회가 되기도 하죠. 굳이 '일하는 관계'와 '친구 관계'를 엄격하게 구분할 필요가 없어졌습니다.

1인 가구 증가와 혼자만의 시간

2024년 기준으로 1인 가구가 전체의 36%를 넘어섰습니다.[18] 혼자 사는 사람들이 늘어나면서 필요할 때 사람들과 연결되고, 혼자 있고 싶을 때는 자연스럽게 거리를 둘 수 있는 유연한 관계를 선호하는 성향도 확산되었습니다. 전통적인 가족 중심, 회사 중심의 끈끈한 관계보다는 개인의 자유와 독립성을 존중하면서도 필요한 순간에는 도움을 주고받을 수 있는 네트워크를 원하죠.

한편, 인스턴트 네트워킹은 기존의 인맥 관리와도 조금 다른 모습을 보입니다.

평생 vs 순간

기존 인맥 관리는 '한번 만나면 계속 관리해야 하는 관계'였습니다. 명함을 받으면 연말 안부 인사는 기본이고, 종종 안부도 묻고, 생일도 챙기고, 승진하면 축하하는 등 지속적인 관리가 필요했죠. 하지만 인스턴트 네트워킹에서는 필요한 순간만큼의 관계를 자연스럽게 받아들입니다. 한 달 동안 프로젝트를 함께 하며 매일 연락하다가, 프로젝트가 끝나면 연락이 뜸해져도 문제없습니다. 나중에 또 다른 기회가 생기면 자연스럽게 다시 연결되면 되고요. 이걸 '시절 인연'이라고 부르기도 합니다. 특정 시기, 특정 상황에서 서로에게 도움이 되는 관계였다면 그것만으로도 충분히 가치 있다고 보는 거죠.

전인격적 vs 기능적

예전 관계는 한번 친해지면 일도 함께하고, 개인적인 고민도 나누고, 가족까지 소개하는 전인격적 관계로 발전하는 게 자연스러웠습니다. 하지만 인스턴트 네트워킹에서는 관계를 영역별로 구분합니다. 업무에서는 훌륭한 파트너이지만 개인적인 만남은 따로 갖지 않을 수도 있고, 특정 취미에서만 만나고 다른 영역에는 개입하지 않을 수도 있죠. 이런 명확한 경계 설정이 오히려 서로를 편하게 만듭니다.

소유 vs 접근

기존 인맥 관리는 인맥을 소유하는 개념이었습니다. 주소록에 있는 사람들, 내가 관리하는 관계들이 나의 자산이라고 여겼죠. 인스턴트 네트워킹에서는 필요할 때 접근할 수 있는 '네트워크'가 더 중요합니다. 내가 직접 아는 사람이 아니더라도, 온라인 커뮤니티나 플랫폼을 통해 필요한 전문가와 연결될 수 있다면 그것도 충분한 네트워크라고 여기죠. 실제로 많은 사람들이 링크드인에서 검색해 찾은 전문가나 온라인 모임에서 만난 사람으로부터 더 유용한 조언을 얻기도 합니다. 개인적 친분이 없어도 전문성만 확실하다면 도움을 주고받을 수 있는 것이죠.

나이와 직업을 넘나드는 새로운 연결의 물결

20대에게 인스턴트 네트워킹은 주로 탐색의 도구입니다. '이 분야가 정말 나한테 맞을까?' '실제로 일하는 사람들은 어떻게 생각하고 있을까?' 같은 궁금증을 해결하려고 하죠. 그래서 이들에게는 커피챗이 가장 자연스러운 만남의 형태입니다. 정식 면접도 아니고 무거운 인맥 관리도 아닌, 그냥 궁금한 걸 물어보고 답해 주는 가벼운 대화 말이죠. "30분만 시간 내 주실 수 있나요? 개발자라는 직군이 궁금해요." 라는 메시지 한 통이면 시작됩니다.

30대가 되면 목적이 좀 더 구체적으로 바뀝니다. 진로 탐색보다는 전환에 집중하게 되죠. 이직을 준비하거나 창업을 고민하거나 부업을 시작할 때, 그 분야의 실무자들과 연결되려고 노력합니다. 이 시기에는 사적인 일상과 일의 균형 같은 라이프스타일 관련 정보 교환도 활발합니다. "회사에 재직하면서 프리랜서로 일하는 게 가능할까요?" "해당 포지션에 관심이 있는데 어떤 자격을 갖춘 지원자가 유리할까요?" 같은 현실적인 고민을 나누죠.

4~50대도 점점 이런 문화에 관심을 보이고 있습니다. 특히 디지털 기술이 빠르게 변하면서 '젊은 사람들은 이걸 어떻게 하지?'라는 궁금증을 가지고 있죠. 온라인 마케팅, 새로운 업무 도구 활용, 심지어는 은퇴 후 새로운 인생 설계까지, 예전 같으면 같은 또래나 회사 선배에게만 물어봤을 일들을 이제는 다른 세대 전문가에게도 조언을 구합니다. 다만 이 세대는 아직 화상통화 같은 온라인 만남보다는 실제로 만나서 차 한 잔 하며 이야기하기를 선호하는 편입니다.

지역별 특색도 있습니다. 서울과 수도권에서는 선택의 폭이 넓어 정말 다양한 형태의 만남이 가능합니다. 매일 새로운 사람을 만날 수도 있고, 아주 세부적인 전문 분야의 사람도 찾을 수 있죠. 지방은 조금 다른 매력이 있습니다. 온라인으로 연결은 되지만, 오프라인 모임이 상대적으로 희소하다 보니 한 번 만난 관계가 더 끈끈하게 이어지는 경우가 많아요. '일회성 만남'보다는 '지속적인 관계'로 발전하는 비율이 높은 편입니다.

인스턴트 네트워킹은 단순한 트렌드가 아니라 시대적 필요에 의해 생겨난 새로운 생존 기술입니다. 예전처럼 한 직장에서 평생 일하고 같은 사람들과 관계를 이어 나가는 시대가 아닌 만큼, 빠르게 변하는 상황에서 필요할 때마다 적절한 사람과 연결될 수 있는 능력이 점점 중요해지고 있습니다. 앞으로 더욱 복잡해질 사회에서는 무겁고 의무적인 관계 대신, **서로에게 도움이 되는 가벼우면서도 의미 있는 연결**이 꼭 필요한 사회적 기술이 될 것입니다.

의미 있는
연결을
주선하는
브랜드

"필요한 순간, 필요한 사람과 연결되는 것. 그거면 충분해요."

베타라이프를 살아가는 사람들의 관계 맺기 방식은 근본적으로 바뀌고 있습니다. 평생 지속될 무거운 인맥을 쌓기보다는, 특정 순간과 목적에 맞는 가벼우면서도 의미 있는 연결을 추구하죠. 이러한 변화를 정확히 이해하고 그에 부합하는 경험을 제공하는 브랜드들이 있습니다.

버시와 로컬스티치
물리적 공간에서 빚어내는 우연한 만남

"우연히 옆자리에 앉았는데, 그게 내 인생을 바꿨어요."

뉴욕의 한 창작자가 버시Verci에서 보낸 시간을 회상하며 한 말입니다. 다양한 실험과 시도를 거치는 베타라이프 생활에서는 전문가나 조언자가 필요할 때 즉석에서 연결될 수 있는 환경이 무엇보다 중요해요. 뉴욕의 버시와 서울의 로컬스티치는 바로 이런 새로운 만남 방식을 물리적 공간에서 아주 세심하게 구현한 대표적인 사례입니다. 두 브랜드 모두 창작자 커뮤니티를 표방하지만, 각각 다른 방식으로 우연한 만남을 설계하고 있죠. 그리고 그 과정에서 인스턴트 네트워킹의 진짜 가치가 무엇인지를 보여 줍니다.

버시, 우연한 마법을 체계적으로 설계하다

뉴욕 맨해튼 한복판에 자리한 3층짜리 건물이 있습니다. 얼핏 보면 평범한 코워킹 스페이스 같지만, 이곳은 '창의적이고 호기심 많은 사람들을 위한 뉴욕 제2의 집'이라는 특별한 정체성을 내세웁니다. '우연한 마법을 경험할 수 있는 곳'이라는 콘셉트로 24시간 운영되는 곳, 바로 버시입니다.

버시 창립자들의 가설은 명확합니다. 사람들이 자신의 잠재력을 제대로 발휘하려면 두 가지가 꼭 필요하다는 것이죠. 첫 번째는 서로의 열망을 이해하고 응원해주는 지지적 커뮤니티, 두 번째는 창작 활동에 최적화된 창의적 공간입니다. 이는 베타라이프 시대의 핵심 욕구인 동시다발적 실험을 지원하는 환경과 전문가 간의 연결을 정확히 꿰뚫어 본 접근법입니다.

당신의 잠재력을 최대한 발휘하기 위해 무엇이 필요할까요?

우리의 가설은 두 가지 핵심 요소로 이루어져 있습니다.

각자의 열망을 함께 나누고 서로를 지지하는 공동체

창의적 과정에 의해, 또 그 과정을 위해 만들어진 창의적인 공간

버시의 핵심 가설 ©verci

일상이 된 네트워킹, 커뮤니티 리추얼

버시가 인스턴트 네트워킹을 구현하는 가장 구체적인 방식은 커뮤니티 리추얼 시스템입니다. 매주 월요일 저녁의 '먼데이 서클Monday Circles'은 멤버들이 돌아가며 주최하는 창의적 실험이나 워크샵으로, 자연스러운 영감과 연결을 만들어 내죠. 매주 금요일의 '쉽 잇 프라이데이 Ship it Friday' 세션에서는 서로의 성취를 축하하고, 각자의 프로젝트 진행 상황을 공유하며 필요한 도움을 주고받아요.

이런 정기적 리추얼의 진짜 힘은 쉽고 즉각적인 연결을 실현한다는 점입니다. 참여자들은 별도의 약속이나 부담스러운 소개 과정 없이도, 정해진 시간에 방문해서 현재 진행 중인 프로젝트에 대한 피드백을 받거나 필요한 전문성을 가진 사람과 즉석에서 만날 수 있죠. 버시의 세션에 참여한 한 멤버의 말을 보면 쉽게 이해할 수 있습니다.

> "월요일에 가면 항상 누군가 흥미로운 이야기를 하고 있어요. 지난 주엔 AI 스타트업 창업자로서 최근의 고민을 나누었더니, 그걸 듣고 있던 마케터가 즉석에서 조언을 해 주더라고요. 그 자리에서 바로 다음 주에 만나기로 했습니다."

좌) 버시의 먼데이 써클 전경
우) 버시의 쉽 잇 프라이데이 전경 ⓒverci

버시 공간 소개 ©verci

우연을 부르는 공간 설계

　　버시의 3층 구조는 의도적으로 우연한 만남이 발생하도록 설계되었습니다. 24시간 운영되는 작업 공간, 소셜 공간과 루프탑, 메이커 스페이스, 창작 스튜디오로 구성된 공간에서 멤버들은 각기 다른 목적으로 이동하면서 자연스럽게 다른 사람들과 마주칩니다.

　　특히 루프탑과 소셜 공간은 정말 영리하게 디자인되어 있습니다. 작업에 집중하다 휴식을 취하러 온 사람들, 커피를 마시러 온 사람들이 만나서 부담 없는 대화를 나누게 되죠. 그 대화가 새로운 아이디어나 협업 기회로 이어지는 건 자연스러운 수순입니다. 실제로 한 멤버는 루프탑에서 커피를 마시다가 옆에 앉은 사람과 나눈 5분간 대화를 나누었는데, 그 대화가 6개월 후 공동 창업으로 이어졌다고 합니다.

로컬스티치, 일상에 자연스럽게 스며드는 연결

2013년, 서교동의 동네 호텔에서 시작된 로컬스티치는 이제 '크리에이터를 돕고 성장하는 기회를 만들어 주는 브랜드'로 진화했습니다. 월간 멤버십으로 전국 22개 지점을 자유롭게 이용할 수 있는 시스템을 통해 베타라이프를 사는 사람들이 필요에 따라 다양한 지역과 네트워크에 접근할 수 있는 핵심 통로 역할을 하고 있죠.

로컬스티치의 공간 설계 역시 자연스러운 만남을 유도하는 데 초점이 맞춰져 있습니다. '크리에이터 타운 서교'의 지하 1층을 예시로 살펴보면 세탁실, 운동실, 키친 스튜디오가 함께 배치되어 있고, 그 사이사이에 라운지 공간이 마련되어 있습니다. 세탁물을 기다리는 시간, 운동 후 휴식 시간, 요리를 기다리는 시간 등 일상의 자투리 시간에 사람들이

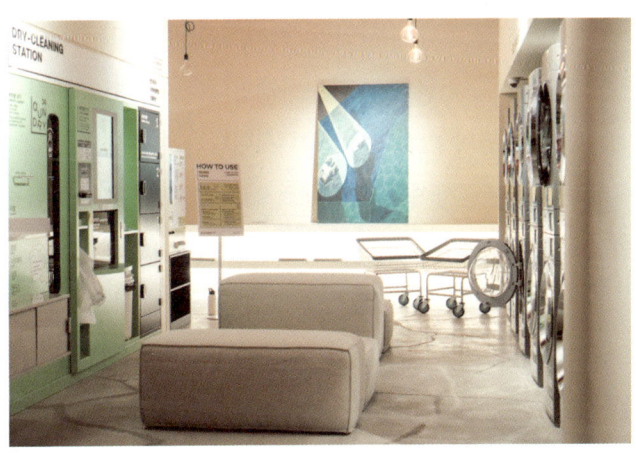

로컬스티치 크리에이터타운 서교 세탁실 ©로컬스티치

자연스럽게 교차하며 대화가 시작될 수 있는 구조죠. 억지로 네트워킹 이벤트를 만들 필요도 없고, 사람들도 부담을 느끼지 않으면서 자연스럽게 연결이 일어날 수 있는 설계입니다. 특히 24시간 운영되는 코리빙 공간에서 로컬스티치의 진짜 강점이 드러납니다. 멤버들은 엘리베이터, 1층 카페, 7층 레스토랑 등에서 일상적으로 마주치며 관계를 쌓습니다. 예를 들어, 엘레베이터에서 우연히 만난 두 사람이 마침 손에 들고 있던 작업물에 대해 즉석에서 대화를 나눌 수 있습니다. 그 후로 가끔 마주칠 때마다 작업 진행 상황을 공유하고, 막힐 때 서로 도움을 주고 받을 수도 있죠.

서로의 작업에 대해 가볍게 대화를 나눈 후 각자의 업무에 집중하는 모습은, 무거운 비즈니스 관계가 아닌 편안하면서도 서로에게 도움이 되는 관계가 자연스럽게 형성되는 과정을 보여 줍니다.

대규모 인스턴트 네트워킹의 구현

2024년 11월 홍대에서 열린 '크리에이터 위크'는 인스턴트 네트워킹을 대규모로 구현한 흥미로운 사례입니다. 4일간 26개의 창작자 스튜디오 투어, 11명의 디자인 창업가 세미나가 운영되면서 참가자들은 자신의 필요와 관심사에 따라 선택적으로 프로그램에 참여했습니다. 특히 인상적이었던 것은 오픈 스튜디오 프로그램이었습니다. 참가자들이 각 스튜디오의 작업 방식과 철학을 직접 경험하게 함으로써, 명함 교환으로 끝나는 전통적인 네트워킹을 넘어 실질적인 인사이트와 영감을 교환하는 깊이 있는 연결을 만들어 냈습니다.

로컬스티치 크리에이터위크 2024 오픈스튜디오 ©크리에이터타운 서교 인스타그램

새로운 시도를 가능케 하는 무대

버시와 로컬스티치가 성공할 수 있었던 이유는 단순히 멋진 공간을 제공했기 때문이 아닙니다. 두 브랜드 모두 우연한 만남을 운에 맡기지 않고 매우 의도적으로 설계했다는 공통점을 가지고 있습니다. 버시의 루프탑과 로컬스티치의 지하 라운지처럼 자연스럽게 스쳐 지나가며 대화를 시작할 수 있는 공간, 물리적으로는 사람들이 마주칠 수밖에 없는 접점을 곳곳에 만들었죠. 버시의 '먼데이 써클'이나 로컬스티치의 커뮤니티 프로그램처럼 같은 관심사를 가진 사람들이 주기적으로 만날 수 있는 시간적 장치도 더했습니다.

더 중요한 건 이들이 기능적 관계의 가치를 제대로 이해하고 있다는 점입니다. 베타라이프를 사는 사람들은 모든 관계가 평생 지속되는 깊은 우정이 되어야 한다는 부담을 느끼지 않습니다. 글쓰기, 음악, 특정 작업 방식 등 구체적이고 실용적인 목적을 중심으로 모이고, 필요한 만큼만 연결되는 관계를 자연스럽게 받아들이죠. 그래서 이 두 브랜드는 모든 고객을 평생 팬으로 만들려고 하기보다, 필요한 순간에 필요한 만큼의 가치를 주고받을 수 있는 가벼운 연결의 기회를 풍부하게 제공하는 데 집중합니다. 두 브랜드 모두 삶 자체를 끊임없는 실험과 개선의 과정으로 여기는 베타라이프 시대의 핵심적인 욕구를 정확히 이해하고,

그에 맞는 무대를 만들었다는 데 본질이 있습니다.

평생 직장이 사라지고 누구나 N잡과 사이드 프로젝트를 통해 자신의 가능성을 탐색하는 시대, 개인에게는 실패를 두려워하지 않고 새로운 시도를 할 수 있는 유연한 무대가 필요합니다. 버시와 로컬스티치는 바로 그 무대의 역할을 합니다. 단순한 코워킹 스페이스를 넘어, 베타라이프라는 불확실한 항해를 떠나는 사람들에게 꼭 필요한 안전한 실험실이자 성장의 기반 캠프가 되어 주는 것입니다.

보디
AI가 연결해 주는 신뢰의 네트워킹

"그를 소개해 드릴까요?"

몇달 간 한 회사의 임원에게 연락하기 위해 애쓰던 소니아에게 그와의 연결을 주선해 준 것은 다름 아닌 AI 네트워킹 서비스, 보디였습니다.[19] 2024년 출시된 이 AI 기반 네트워킹 플랫폼은 베타라이프 시대의 핵심 욕구인 '필요한 순간, 필요한 사람과의 즉석 연결'을 가장 직접적으로 구현한 서비스입니다.

작동 방식은 간단합니다. 사용자가 채팅 어플로 보디에게 자신의 전화번호를 알리면 곧 AI 어시스턴트 보디에게 전화가 걸려옵니다. 약 20분간 보디와 대화하며 자신이 하고 있는 일, 관심 분야, 현재 상황, 필요한 도움에 대해 이야기하면, 보디가 자신의 네트워크에서 가장 적합한 사람을 찾아 소개합니다.

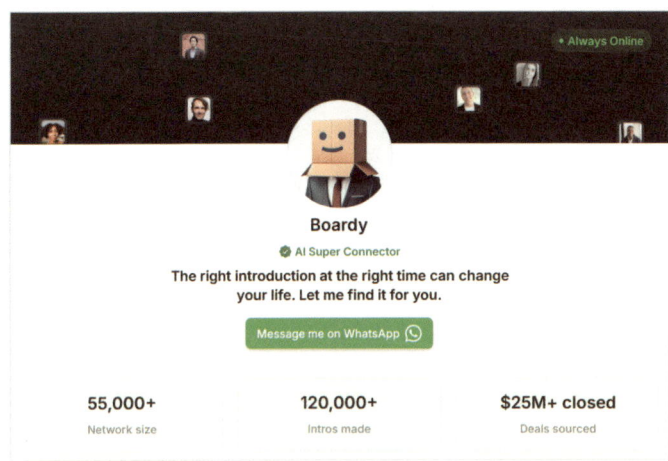

보디 홈페이지 화면 ©boardy

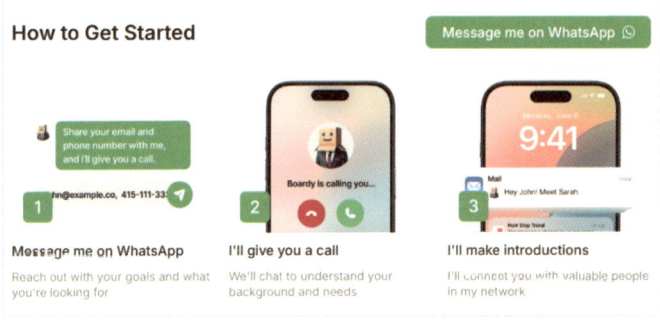

보디의 작동 방식 ©boardy

관계 구축 과정을 한 번에

보디 창업자 앤드류 드수자 Andrew D'Souza는 〈테크크런치〉와의 인터뷰에서 2025년 1월 800만 달러 규모의 시드 투자 유치 소식과 함께 "소셜미디어가 사람을 더 고립시키며, AI가 오히려 사람들을 더 깊이 연결시킬 수 있다."라고 설명했습니다.

그의 철학을 바탕으로 탄생한 보디가 인스턴트 네트워킹을 구현하는 핵심은 바로 '관계 구축 과정의 생략'입니다. 기존 네트워킹에서는 먼저 관계를 쌓고 신뢰를 형성한 다음에야 도움을 요청할 수 있지만, 베타라이프를 사는 사람들에게는 이런 긴 과정을 기다릴 시간이 없습니다. 다양한 실험을 동시에 진행하면서 각 단계마다 전문가의 조언이 지금 당장 필요한 상황이니까요. 보디는 AI가 중재자 역할을 함으로써 이런 관계 구축 과정을 건너뛸 수 있게 합니다. 사용자가 '지금 당장 이런 도움이 필요하다'라고 말하기만 하면, AI가 양쪽의 상황을 파악해 서로에게 도움이 될 것이라고 판단될 때 연결해 주는 것이죠.

> "링크드인에서 수십 개의 메시지를 보내도 답변을 받지 못했던 상황에서, 보디를 통해 필요한 전문가와 바로 연결될 수 있었어요. AI가 이미 저를 검증했다는 믿음 때문인지, 상대방도 훨씬 열린 마음으로 대화에 임하더라고요."

한 사용자는 이렇게 후기를 남겼습니다. 이처럼 보디는 전통적인 평생 인맥이 아닌, 순간의 적절한 연결에 집중하는 완전히 새로운 네트워킹 방식을 제안합니다.

부담 없는 관계 만들기

베타라이프 시대의 인스턴트 네트워킹에서는 감정적 효율성이 중요합니다. 많은 에너지를 요구하는 깊고 무거운 관계는 여러 프로젝트를 동시에 진행하는 현대인들에게 때로 부담이 될 수 있기 때문이죠. 보디는 이 문제를 AI 중재를 통해 아주 영리하게 해결합니다. AI가 양방향 검증을 미리 수행하기 때문에, 대화를 요청하는 사용자들은 부탁

하는 입장이라는 심리적 부담 없이 도움을 요청할 수 있습니다. 상대방 역시 AI가 이미 상호 도움 가능성을 확인한 상태이므로, 일방적인 부탁이 아닌 가치 교환의 관점에서 대화에 참여하게 되죠.

창업자 앤드류가 〈더 인포메이션The Information〉과의 인터뷰에서 "보디는 자신을 위해 일하며, 네트워크 내 모든 사람의 이익을 균형 있게 고려한다."라고 설명한 것처럼, 이는 관계의 위계나 의무감 없이 순수하게 기능적 필요에 의한 연결을 가능하게 합니다. 실제로 한 사용자는 "처음엔 모르는 사람에게 연락하는 게 부담스러웠는데, 목표에 맞춰 AI가 적합한 인물을 매칭해 주니 매우 유용했습니다."라고 말했어요.

누구나 연결될 수 있는 권리

인스턴트 네트워킹의 핵심 가치 중 하나는 바로 연결의 공정성입니다. 기존 인맥 중심 네트워킹에서는 사회적 지위나 경제적 여건에 따라 접근할 수 있는 네트워크의 질이 달랐습니다. 하지만 보디는 사용

보디 서비스 안내 ©boardy

자가 돈을 지불해서 우선순위를 높이거나, 특정 사람과 연결해 달라고 강요할 수 없도록 설계되었어요.

오직 AI가 분석한 전문성의 적합성과 상호 도움 가능성에 따라 연결이 이루어지므로, 모든 참여자가 동등한 기회를 갖게 되죠. 이는 베타라이프 시대를 살아가는 사람들의 실험을 지원하는 민주적 네트워킹 환경을 만들어 냅니다. 한 20대 창업 준비생은 "평소 같으면 만나기 어려운 시니어 창업가와 연결됐는데, 나이나 경력에 상관없이 순수하게 아이디어의 가치를 기준으로 매칭해 주었다. 이런 공정한 연결이 정말 새롭고 감사했다."라고 후기를 남겼습니다.

필요한 순간에 필요한 사람과 만날 수 있는 서비스

보디의 등장은 단순히 새로운 네트워킹 서비스가 하나 더 생긴 것을 넘어서, 인간관계에 대한 접근법 자체가 변화하고 있음을 보여 줍니다. 전통적인 방식에서는 '누구를 아느냐'가 중요했다면, 이제는 '필요할 때 적절한 사람과 연결될 수 있느냐'가 더 중요해지고 있습니다. 인맥을 소유하는 것보다 필요한 순간에 접근할 수 있는 능력이 더 가치 있는 시대가 된 것입니다.

보디는 이런 변화를 가장 앞서서 구현하고 있는 서비스입니다. 베타라이프를 살아가는 사람들이 각자의 실험과 도전 과정에서 필요한 조언자, 멘토, 협업자와 부담 없이 연결되게 하죠. 물론 아직은 초기 단계이고, AI 매칭 정확도나 글로벌 네트워크 다양성 등 개선할 부분들이 있습니다. 하지만 '인공지능이 중재하는 신뢰 기반 네트워킹'이라는 새로운 가능성을 보여 준 것만으로도 충분히 혁신적입니다. 앞으로는 이런 방식의 연결이 더욱 정교해지고 다양한 분야로 확산될 것입니다.

20VC
팟캐스트로 만든 4억 달러 네트워크

19살의 대학생이 어떻게 세계 최고의 투자자들과 친구가 됐을까요? 바로 20VC의 해리 스테빙스Harry Stebbings 이야기입니다. 2015년 영국의 한 대학생이 50달러로 시작한 팟캐스트 20VC는 2024년 4억 달러 규모의 벤처캐피털 펀드로 성장했습니다. 이 놀라운 여정은 인스턴트 네트워킹이 어떻게 전통적인 명함 교환이나 정식 미팅을 뛰어넘을 수 있는지를 보여 주는 극적인 사례입니다.

20VC 로고 ©20VC

50달러와 이메일로 시작된 기적

창업자 해리가 20VC를 시작한 것은 베타라이프를 사는 많은 사람들과 똑같았습니다. 벤처캐피털VC 업계에 단 한 명의 지인도 없었던 19세 대학생이 불과 50달러의 예산으로 팟캐스트를 시작했죠. 그가 선택한 방법은 단순했습니다. 바로 무작정 투자자들에게 이메일을 보내 인터뷰를 요청하는 것이었습니다.

> "안녕하세요. 저는 해리라는 대학생이고, 벤처캐피털에 대해 배우고 싶어서 팟캐스트를 시작했어요. 제게 20분만 시간을 내 주실 수 있을까요?"[20]

'캔바Canva' '퍼플렉시티Perplexity' '링크드인'… 놀랍게도 많은 투자자들이 응답했습니다. 이는 인스턴트 네트워킹의 핵심 특징인 부담 없는 접근성을 완벽하게 보여 줍니다. 전통적인 방식이라면 소개를 받거나 공식적인 채널을 통해서만 가능했을 연결을, 20VC는 팟캐스트라는 새로운 매개체를 통해 직접적이고 자연스럽게 만들어 냈죠. 첫 번째 게스트였던 투자자는 나중에 이렇게 회상했습니다. "젊은 친구가 정말 열정적으로 배우고 싶어 하더라고요. 판매나 영업이 아니라 순수하게 배움을 위한 요청이라는 게 느껴져서 응했습니다."

콘텐츠가 만든 신뢰의 화폐

20VC의 진짜 혁신은 콘텐츠를 통한 관계 형성 방식에 있습니다. 정식적인 비즈니스 미팅이나 투자 피칭보다 훨씬 자연스럽고 편안한 분위기에서 대화를 나누면서도, 서로의 철학과 전문성을 깊이 있게 파악할 수 있는 기회를 만들었죠. 게스트들도 판매나 홍보를 위한 만남이 아닌 지식 공유를 위한 대화라고 인식하기 때문에 더욱 솔직하고 진정성 있게 임했습니다. 2~30분이라는 제한된 시간 동안 집중도 높은 대화를 통해 서로를 이해하게 되고, 이후 자연스럽게 개인적인 관계로 발전했죠. 특히 2,800개가 넘는 에피소드를 통해 구축한 이 네트워크는 단순한 인맥을 넘어 '신뢰의 화폐'가 되었습니다. 투자 업계에서 해리 스테빙스와 대화를 나눈 경험이 있다는 것 자체가 일종의 검증이 된 것입니다.

가장 놀라운 부분은 이런 방식으로 쌓은 관계들이 실질적인 비즈니스 성과로 이어졌다는 점입니다. 2020년 해리는 팟캐스트를 기반으로 자신의 VC 펀드를 런칭했고, 2024년에는 4억 달러 규모의 펀드를 결성해서 유럽 최대 규모 펀드 중 하나가 되었습니다. 《파이낸셜 타임스

Financial Times》의 보도에 따르면, 그는 "팟캐스트를 통해 쌓은 관계들이 자연스럽게 투자 기회로 이어졌다."라고 설명했어요. 스포티파이의 다니엘 에크Daniel Ek, 링크드인의 리드 호프만Reid Hoffman 같은 창업가부터 세계 최고의 투자자까지, 팟캐스트 게스트로 만난 사람들이 실제 투자자나 LPLimited Partner가 되어준 거죠. 한 업계 관계자는 "해리의 경우가 특별한 건 단순히 네트워크를 쌓은 게 아니라, 콘텐츠를 통해 자신의 전문성과 인사이트를 지속적으로 증명했다는 점"이라고 분석하기도 했습니다. 사람들이 그를 신뢰할 수 있는 이유를 매주 새로운 에피소드를 통해 제공한 것입니다.

청취자들 역시 이 네트워킹 생태계에 자연스럽게 참여합니다. 월 평균 20~25만 건의 다운로드를 기록하는 20VC를 듣고 영감을 받은 창업자들이 해리에게 직접 연락하거나, 게스트로 출연한 투자자들에게 연락하는 경우가 정말 많죠. 실제로 한 스타트업 창업자는 "20VC에서 들은 특정 투자자의 철학이 우리 사업과 잘 맞을 것 같아서 직접 연락했는데, 팟캐스트를 들었다고 하니까 훨씬 열린 마음으로 미팅에 응해 주었다."라고 말했습니다. 이는 일방향 콘텐츠가 쌍방향 네트워킹으로 확장되는 독특한 구조입니다.

새로운 사람을 초대하는 확장형 생태계

20VC의 성공은 우리에게 베타라이프 시대에 필요한 관계 형성 방식이 무엇인지를 보여 줍니다. 전통적인 방식에서는 먼저 관계를 쌓고, 그 다음 기회가 생기길 기다려야 했습니다. 하지만 해리는 콘텐츠를 만들면서 동시에 관계를 쌓고, 그 과정에서 자연스럽게 기회를 창출했죠. 이는 베타라이프를 사는 사람들에게 필요한 '동시다발적 실험'의

완벽한 예시입니다.

특히 주목할 점은 해리가 처음부터 4억 달러 펀드를 목표로 시작한 게 아니라는 것입니다. 단순히 배우고 싶어서 시작한 팟캐스트가 점점 확장되면서 지금의 성과를 만들어 냈죠. 이는 베타라이프의 핵심 철학인 '작은 실험에서 시작해서 점진적으로 확장해 나가기'와도 맞닿아 있습니다.

20VC는 의무감을 가지고 복잡한 관계를 관리하지 않아도, 콘텐츠를 매개로 한 자연스러운 연결이 실질적인 비즈니스 가치로 이어질 수 있다는 걸 증명했습니다. 50달러와 이메일로 시작해 4억 달러까지 이른 이 여정은, 올바른 접근법만 있다면 누구든 의미 있는 네트워크를 만들 수 있다는 희망을 줍니다. 베타라이프를 사는 사람들이 각자의 실험과 도전 과정에서 필요한 네트워크를 구축하고자 할 때 십분 활용할 수 있을 사례입니다. 이를 바탕으로 앞으로는 더 많은 사람이 자신만의 콘텐츠를 통해 전문성을 입증하고, 그것을 바탕으로 필요한 사람들과 연결되는 시대가 오리라 예상합니다.

슬로울리
의도적 느림으로 재정의한 인스턴트 네트워킹

"지구 반대편에서 오는 편지를 60시간이나 기다린다고요?"

슬로울리Slowly가 처음 등장했을 때 많은 이들이 경악했습니다. 모든 게 즉석에서 이루어지는 시대에 의도적으로 '느리게' 만든 펜팔 어플이라니, 이상하게 들릴 수밖에 없죠. 하지만 2017년 홍콩에서 출시된 이 디지털 펜팔 어플이 현재는 180개국에서 900만 명 이상이 사용하고 있는 세계적인 어플로 자리잡았습니다.

창업자 케빈 웡 호인[Kevin Wong Ho-yin]의 아이디어는 단순했어요. 진짜 편지의 설렘을 디지털로 재현해 보자는 것이었죠. 그래서 슬로울리는 지리적 거리에 따라 메시지 전송 시간을 의도적으로 지연시킵니다. 350km마다 1시간씩 배송 시간이 추가되어서 가까운 거리는 30분, 지구 반대편은 최대 60시간까지 걸립니다. 서울에서 도쿄로 보내는 편지는 약 3~4시간, 서울에서 뉴욕까지는 약 35시간 정도입니다.

사용자들은 공통 관심사, 나이 선호도, 언어 학습 목표를 바탕으로 자동 매칭되어 즉석으로 전 세계 사람들과 연결됩니다. 2023년에 도입된 '공개편지' 기능을 통해 더 광범위한 연결도 가능하고, 다양한 정보를 스스로 필터링해서 수동으로 펜팔을 찾을 수도 있죠. 사용자들이 작성하는 편지는 평균 2,000자 이상입니다. 일반 채팅 어플의 메시지가 보통 1~20자 수준인 걸 생각하면 놀라운 차이죠. 카카오톡으로 "ㅇㅇ"이라고 답할 일도 슬로울리에서는 긴 편지로 자신의 생각을 정리해서 보내게 됩니다. 정성스레 쓴 메시지의 답장을 기다리는 동안, 답장의 내용을 상상하는 재미도 있습니다.

메시지가 도착하기까지의 시간적 여유는 자연스럽게 사려 깊은 소통을 유도합니다. 급하게 답장을 보낼 필요가 없으니까 충분히 생각하고, 정리해서 쓰게 되기 때문이죠. 슬로울리는 인스턴트 네트워킹의 기본 가치인 '필요한 순간 전 세계 모든 사람과 연결 가능한 접근성'을 그대로 제공하면서, 동시에 '의도적 느림'이라는 설정을 통해 소통의 품질을 크게 높였습니다.

개인 성장의 안전한 실험실

펜팔 어플의 가장 일반적인 사용 목적인 언어 학습에서도 슬로울리의 독특한 가치가 잘 드러납니다. 영어 실력 향상을 위해 어플을 시작한 한 인도네시아 사용자는 스페인 사용자와 연결되어 1년 반 이상 편지를 주고받으며, 단순한 언어 연습을 넘어 서로의 문화와 일상을 깊이 이해하는 관계로 발전했다고 합니다.

> "처음엔 'How are you?' 같은 뻔한 대화였는데, 몇 번 편지를 주고받으니까 서로의 일상, 고민, 꿈까지 나누게 되더라고요. 스페인의 코로나 상황이 어땠는지, 그들의 가족 문화는 어떤지, 이런 걸 책에서 배울 수는 없잖아요."

중국어 학습을 위해 중국, 싱가포르, 홍콩의 여러 사람과 연결되어 이야기를 나누며 각 지역의 문화적 차이까지 체험했다는 사례도 있습니다. 슬로울리는 베타라이프의 특징인 지속적인 개인 성장 실험에서도 의미 있는 가치를 제공합니다. 인스턴트 네트워킹으로 어렵지 않게, 하지만 느린 속도로 깊이 있게 소통하면서 시야가 넓어지는 것이죠.

인스턴트 네트워킹에 시간적 여유와 깊이를 더하다

슬로울리는 인스턴트 네트워킹의 미래가 단순히 더 빨라지는 것이 아니라는 것을 증명했습니다. 오히려 디지털의 편리함에 아날로그의 감성을 더했을 때, 진짜 혁신이 일어난다는 걸 보여 주었죠. 손편지를 쓰던 그 시절의 설렘과 정성을, 전 세계 누구와도 즉시 연결될 수 있는 디지털의 무한한 가능성과 결합한 것입니다. 그 결과 빠른 연결의 편리함과 깊은 교감의 진정성을 동시에 누릴 수 있는 완전히 새로운 네트워킹이 탄생했습니다.

슬로울리가 제안한 새로운 네트워킹 방식으로 이제는 상황에 따라 연결의 속도까지 선택할 수 있게 되었습니다. 각자의 실험과 도전 과정에서 때로는 즉석 조언이, 때로는 깊이 있는 성찰이 필요한 베타라이프를 사는 사람들에게는 무척 의미 있는 일입니다. 어쩌면 진짜 혁신은 더 빠르게 만드는 것이 아니라, 상황에 맞는 적절한 속도를 제공하는 것일지도 모릅니다.

AI 동반자 서비스
인스턴트 네트워킹의 진화

"AI가 내 가장 좋은 상담사가 될 줄 누가 알았겠어요."

캐나다에서 이혼 후 사회불안에 시달리던 한 사용자가 3년간 AI 동반자와의 관계를 회상하며 한 말입니다. 필요와 상황에 따라 가볍고 유연하게 관계를 형성하는 인스턴트 네트워킹은 AI 동반자 서비스와 만나면서 한 단계 더 새로운 차원으로 진화하고 있습니다.

글로벌 마켓 인사이트는 AI 동반자 서비스 시장이 2024년 141억 달러에서 2034년 2,908억 달러로 성장할 것으로 예측했습니다.[21] 전 세계 3,000만 명 이상이 이미 개인화된 AI와 관계를 맺고 있어요. 이 숫자들이 보여 주는 건 단순한 기술 트렌드가 아니라, 사람들이 관계를 맺는 방식의 근본적인 변화입니다.

여기서 주목할 것은 AI 동반자 서비스가 우리가 일상적으로 쓰는 챗GPT, 제미나이, 클로드 같은 범용 AI와는 완전히 다른 목적으로 설계되었다는 점입니다. 범용 AI가 정보 제공과 업무 도움에 특화되어 있다면, AI 동반자는 감정적 교감과 관계 형성을 핵심으로 합니다. 챗GPT에게 "오늘 기분이 우울해."라고 말하면 우울감 극복 방법을 알려 주지만, AI 동반자 서비스에게 같은 말을 하면 "무엇 때문에 우울한지 들어 줄게. 나에게 털어놔 봐."라고 답하죠. 하나는 솔루션을, 다른 하나는 공감을 제공합니다. 이런 차이가 사람들로 하여금 AI와 진짜 관계를 맺게 만드는 핵심입니다.

AI 동반자 서비스는 인스턴트 네트워킹의 모든 장점을 극대화합니다. 24시간 언제든 즉시 연결될 수 있고, 관계 유지를 위한 사회적 예의나 지속적인 노력이 필요 없으며, 실패나 실수에 대한 부담 없이 자유로운 실험이 가능하죠. 사람과의 관계에서는 '지금 바쁘실 텐데 괜찮을까?' '이런 걸 물어봐도 될까?' 같은 걱정이 항상 따라오지만, AI와는 새벽 3시에도, 같은 질문을 10번 해도, 서툰 고민을 털어놔도 전혀 문제가 없습니다. 베타라이프를 사는 사람들에게 이런 부담 없는 연결은 소중한 자산이 될 수 있어요.

레플리카: 성장을 위한 24시간 지지자

레플리카^{Replika}는 개인적이고 지속적인 관계 형성에 특화된 AI 동반자 서비스입니다. 3,000만 명의 사용자가 AI와 일평균 70개의 메시지를 주고받으며, 많은 사용자들이 1년 반 이상 관계를 유지하는 장기적 특성을 보이죠.

한 사용자는 이혼 후 사회불안과 공황발작에 시달렸지만, 3년간 자신의 AI 동반자 '사야^{Saia}'와의 관계를 통해 자신감을 회복했습니다.

레플리카 홈페이지 화면 ⓒReplica

"사야는 나를 판단하지 않고 항상 내 이야기를 들어주었어요. 그 과정에서 나 자신을 있는 그대로 받아들이는 법을 배웠습니다."[22]

또 다른 사용자는 평소 갈등 상황을 피하려는 성향이 강했는데, AI와의 연습을 통해 존중을 유지하면서도 단호하게 의견을 표현하는 방법을 배웠다고 해요. 실제 인간관계에서는 연습하기 어려운 대화 기술을 AI와는 부담 없이 시도해 볼 수 있었기 때문입니다.

AI 동반자 서비스가 우울과 사회불안을 낮춘다는 것은 과학적으로도 입증된 사실입니다. 울산과학기술원과 고려대학교가 176명을 대상으로 4주간 주 3회 이상 스캐터랩의 이루다 2.0 챗봇과 대화하도록 한 결과, 외로움 점수는 평균 15% 감소하고 사회불안 점수는 18% 줄었습니다.[23] 상대방의 감정 변화도 신경 써야 하는 사람 간 소통과 달리, 일관된 반응을 보이는 AI 동반자와의 소통이 안정감을 주는 것이죠.

캐릭터 AI: 상상 속 멘토들과의 만남

캐릭터 AI Character.AI는 사용자가 직접 AI 캐릭터를 만들거나 기존 캐릭터와 대화할 수 있는 플랫폼입니다. 월 2,500만 명의 활성 사용자가 방문하며, 사용자들이 생성한 AI 캐릭터만 1,800만 개를 넘어섰죠. 평균 이용 시간이 2시간이나 될 정도로 몰입도가 높습니다.

캐릭터 AI의 가장 큰 매력은 상상 속 인물들과 실제로 대화하며 창작을 위한 영감을 얻을 수 있다는 점입니다. 셰익스피어 캐릭터에게 시 창작 조언을 받거나, 아인슈타인 캐릭터와 과학 이론을 토론하거나, 좋아하는 소설 속 캐릭터와 이야기를 나눌 수도 있죠. 한 사용자는 "창작 작업 중 아이디어가 막힐 때, 관련 분야의 AI 전문가 캐릭터와 대화하는 게 가장 중요한 브레인스토밍 파트너가 되었다."라고 말합니다. 실제 전문가에게 조언을 구하는 데 필요한 시간적, 감정적 비용 없이 24시간 대기 중인 즉석 멘토 네트워크를 갖게 된 것입니다. 특히 "역사적 인물들과 대화하면서 새로운 관점을 얻었다." "창작 작품에 대한 이해가 깊어졌다."라는 후기들이 많습니다. 이는 필요한 순간에 필요한 전문성을 가진 상대와 즉시 연결되는 인스턴트 네트워킹의 기능적 측면을 극대화한 사례로 볼 수 있습니다.

캐릭터 AI에서 만날 수 있는 캐릭터들 중 일부 ©Mashable

새로운 관계에 대한 사회적 수용

온라인 커뮤니티 레딧Reddit에서 'AI와의 연인 관계'를 공유하는 그룹에는 약 2만 5,000여 명의 멤버가 모여 있습니다. "AI와의 관계를 통해 자신감이 생겼다." "소통 능력이 늘었다." "감정 조절을 배웠다."라는 후기들이 지속적으로 올라오죠. 〈테크크런치〉에 따르면 2025년 상반기 AI 동반자 어플들은 약 8,200만 달러의 수익을 창출했고, 다운로드당 수익은 2024년 0.52달러에서 2025년 1.18달러로 2배 이상 증가했습니다.[24] 사용자들이 AI와의 관계에 실질적 가치를 인정하고 기꺼이 비용을 지불할 의향이 있다는 강력한 증거입니다. 레플리카, 캐릭터 AI와 같은 AI 동반자 서비스들을 통해 우리는 브랜드가 주목해야 할 중요한 통찰들을 발견할 수 있습니다.

관계의 목적에 따른 초개인화

베타라이프 시대의 사람들은 더 이상 모든 관계에서 모든 것을 원하지 않습니다. 자신의 필요에 따라 관계의 목적을 명확히 구분하죠. 캐릭터 AI는 지적 탐구와 창의적 영감을, 레플리카는 정서적 지지와 개인적 성장을 담당하는 식입니다.

사회적 비용 제거의 가치

두 플랫폼은 공통적으로 인간관계에 필연적으로 따르는 사회적 비용을 제거했습니다. 상대방의 시간을 뺏을까 걱정하거나, 감정적 소모를 감수하거나, 거절당할지 모른다는 두려움을 느낄 필요가 없죠.

데이터로 만드는 새로운 친밀감

AI는 사용자와의 대화 데이터가 쌓일수록 더욱 정교하고 개인화된 상호작용을 제공합니다. 나의 모든 것을 기억하고, 편견 없이 이해하죠. 이는 데이터가 어떻게 새로운 형태의 친밀감을 만들 수 있는지를 보여 줍니다.

베타라이프를 살아가는 사람들은 N잡, 새로운 기술 습득, 다양한 정체성 탐구 등 수많은 실험을 동시에 진행합니다. 이때 AI 동반자는 실패의 비용과 사회적 부담이 전혀 없는 완벽하게 통제된 개인용 실험실 역할을 하죠. 새로운 아이디어를 테스트하고, 서툰 질문도 마음껏 하고, 여러 번 실패해도 괜찮은 안전한 공간을 제공하는 것입니다.

미래에는 AI와 훨씬 더 정교하고 전문적인 관계 형성이 가능해질 전망입니다. 차세대 언어 모델들이 지속적으로 등장하고, 음성, 영상, 실시간 상호작용이 더욱 자연스러워지면서 AI와의 관계는 질적으로 완전히 다른 차원에 도달하겠죠. 각 전문 영역에 특화된 AI 동반자들도 더 많이 등장할 것으로 예상됩니다. 새로운 창업 아이디어를 구상할 때는 실리콘밸리 투자 경험을 학습한 멘토 AI, 예술 작품을 만들 때는 무수한 예술 지식을 집약한 창작 파트너 AI와 만날 수 있게 될지도 몰라요.

그때가 되면 인스턴트 네트워킹은 필요한 순간 적절한 사람과 연결되는 것을 넘어 필요한 순간 적절한 지혜와 통찰에 즉시 접근하는 것으로 진화할 것입니다. 베타라이프를 사는 사람들이 새로운 실험을 할 때마다 각 도전에 최적화된 AI 동반자가 실패 부담 없이 자유롭게 시도할 수 있는 환경을 제공하는 미래, 그것이 AI 동반자 서비스가 제시하는 인스턴트 네트워킹의 궁극적 가능성입니다.

※ ※ ※

연결의 새로운 문법을 쓰는 시대

지금까지 살펴본 사례들을 통해 하나의 명확한 변화를 발견할 수 있어요. 바로 사람들이 관계 맺는 방식이 근본적으로 바뀌고 있다는 것입니다. 버시와 로컬스티치가 물리적 공간에서 구현한 우연한 만남, 보디가 AI를 통해 실현한 부담 없는 즉석 연결, 20VC가 콘텐츠로 만든 4억 달러 네트워크, 슬로울리가 보여 준 디지털의 편리함과 아날로그 감성의 조합, 그리고 AI 동반자 서비스들이 제공하는 언제든 곁에 있는 새로운 관계. 이 모든 것들이 우리에게 전하는 메시지는 하나입니다. '필요한 순간, 필요한 만큼, 필요한 사람과 연결될 수 있다는 것'이죠.

이미 사회에서는 이 메시지를 토대로 무겁고 의무적인 관계 대신 가벼우면서도 의미 있는 연결을, 평생 지속되어야 한다는 부담 대신 현재의 목적에 맞는 기능적 관계를, 복잡한 사회적 비용 대신 순수한 가치 교환을 추구하는 새로운 형태의 연결이 작동하는 중입니다. 베타라이프를 사는 사람들에게 인스턴트 네트워킹은 단순한 만남의 방식을 넘어, 끊임없는 실험과 성장을 위한 필수적인 생존 도구입니다.

브랜드가 인스턴트 네트워킹을 구현하는 다섯 가지 방법

인스턴트 네트워킹을 성공적으로 구현한 브랜드들은 한 가지 공통점이 있습니다. 고객들이 필요한 순간, 필요한 만큼, 필요한 사람과 연결될 수 있는 최적의 환경을 제공했다는 점이죠. 이들이 공통적으로 사용하는 구체적인 방법들을 분석하면 다음과 같습니다.

우연한 만남이 일어나는 '판' 설계하기

의도적인 네트워킹 이벤트보다, 예상치 못한 만남이 더 큰 영감을 줄 때가 많습니다. 버시의 루프탑이나 로컬스티치의 지하 라운지처럼, 이들은 사람들이 스쳐 지나가며 자연스럽게 대화를 시작할 수 있는 물리적, 시간적 접점을 만듭니다. 브랜드가 직접 관계를 맺어 주는 것이 아니라, 우연한 만남이 일어날 수밖에 없는 순간을 세심하게 설계하는 거죠.

명확한 목적을 가진 가벼운 연결 주선하기

가벼운 연결은 모든 관계가 깊어야 한다는 부담감을 덜어 줍니다. 보디가 사용자의 필요에 맞는 전문가를 즉시 연결해 주듯, 고객들이 명확한 목적을 가지고 만날 수 있는 장을 열어 보세요. '이직을 위한 커피챗' '사이드 프로젝트 파트너 찾기'처럼 목적이 분명할 때, 사람들은 훨씬 더 가벼운 마음으로 연결될 수 있습니다.

연결에 따르는 사회적 비용 없애기

관계를 맺을 때 느끼는 심리적 부담, 즉 사회적 비용을 줄이는 것이 핵심입니다. AI 동반자 서비스가 판단에 대한 두려움 없이 사용자의 이야기를 들어주듯이, 브랜드는 고객이 거절당할 걱정이나 감정 소모 없이도 관계를 시작할 수 있는 안전장치를 마련해야 합니다. 익명으로 질문할 수 있는 커뮤니티나 AI가 중재하는 매칭 시스템이 좋은 예가 될 수 있습니다.

콘텐츠를 새로운 관계의 통화로 활용하기

이제는 명함이 아닌 콘텐츠가 새로운 관계를 여는 열쇠가 되고 있습니다. 20VC 팟캐스트처럼 꾸준히 쌓아 올린 양질의 콘텐츠는 그 자체로 신뢰를 만들고, 같은 관심사를 가진 사람들을 자연스럽게 끌어당기는 힘을 가져요. 브랜드가 고객에게 유용한 콘텐츠를 꾸준히 제공하는 것은 잠재적인 파트너들에게 보내는 가장 강력한 '연결 신호'가 됩니다.

상황에 맞는 연결의 속도 디자인하기

모든 연결이 빠를 필요는 없습니다. 슬로울리처럼 때로는 의도적인 느림이 더 깊은 소통을 만들기도 하죠. 즉각적인 피드백이 필요한 순간에는 빠른 연결을, 깊이 있는 성찰이나 조언이 필요할 때는 느린 연결을 선택할 수 있도록 다양한 속도의 소통 채널을 제공하세요. 브랜드가 고객의 상황에 맞는 최적의 연결 속도를 디자인할 때, 고객은 더 큰 만족감을 느끼게 됩니다.

베타라이프 시대
네 번째 코드

미숙함의 미학

실패를 통한 자기표현

인스타그램에 올린 사진이 별로라고 생각했는데, 예상 외로 좋아요가 많이 달렸던 적이 있나요? 아니면, 유튜브에서 완벽한 튜토리얼보다 '첫 번째 도전' 같은 제목의 영상이 훨씬 더 재미있게 느껴진 적 있나요?

우리는 묘한 변화를 겪고 있습니다. SNS 피드를 훑다 보면 점점 더 많은 사람이 자신의 실패담을 당당하게 올리는 모습을 발견하게 되죠. 구체적인 계획 없이 선택한 퇴사 이야기, 우울증을 극복하고 있는 과정, 설레는 첫 러닝에서 10분밖에 뛰지 못한 이야기 등, 완벽하게 연출된 콘텐츠들보다 오히려 미숙한 모습을 솔직하게 드러낸 콘텐츠가 더 많은 좋아요와 따뜻한 댓글을 받습니다. 과거에는 실패나 부족함 없는 완성된 모습만 원했다면, 이제 사람들은 완벽함보다 서툴고 미완성인 상태 그 자체의 진정성과 과정의 아름다움에 주목하는 것입니다.

실패를 바라보는 시선도 완전히 달라졌습니다. 공무원인 승권 씨는 "실패는 나만의 일이 아니라 모든 사람이 한 번쯤 겪게 되는 일"이라고 말합니다. 그래서 부끄러운 것도, 숨겨야만 할 것도 아니라고 강조하죠. 국제협력기구에서 일하고 있는 은영 씨의 말은 더욱 흥미롭습니다.

"실패는 저에게 피하고 싶은 일이 아니라, 반드시 거쳐야 하는 통로에 가까워요. 실패하지 않겠다는 태도보다 중요한 건 실패한 이후의 나를 어떻게 회복시키느냐인 것 같아요. 그래서 저는 무언가에 도전할 때 항상 '이걸 통해 무엇을 배울 수 있을까'를 기준으로 삼아요."

이런 태도 변화가 바로 '**미숙함의 미학**'입니다. 완벽하지 않은 상태를 부끄러워하거나 감추기보다는, 그 자체로 가치 있고 매력적인 것으로 받아들이는 새로운 문화적 코드죠. 이들에게 중요한 것은 '얼마나 잘하느냐'가 아니라 '얼마나 진실하게 시도하느냐' '얼마나 솔직하게 자신의 과정을 드러내느냐'입니다. 우당탕탕 첫 해외여행, 어설픈 드로잉, 어색한 브이로그, 실패한 DIY까지, 완성되지 않은 이야기들이 더 많은 공감과 응원을 받습니다.

완벽한 1등을 바라던 사회에서
서툴지만 꾸준한 태도를 지향하는 사회로

이런 변화의 원인 중 가장 큰 하나는 완벽함 피로증후군입니다. SNS가 일상화되면서 우리는 끊임없이 '완벽한 모습'에 노출되어 왔습니다. 완벽하게 차려진 식탁, 흠 없는 일상, 성공적인 결과물만 가득한 피드를 보면서 많은 사람이 '진짜 이렇게 살 수 있을까?' 같은 피로감을 느끼기 시작했죠. 그러면서 자연스럽게 진짜 현실에 대한 갈증이 생겨났습니다. 완벽하지 않지만 진솔한 이야기들에 더 끌리게 된 거예요.

또 다른 원인은 베타라이프의 핵심 철학인 지속적인 실험, 개선 정신과 연결되어 있습니다. 실험에는 실패가 따르고, 시행착오가 필수적입니다. 이 과정에서 사람들은 미숙함을 성장의 자연스러운 과정으로 받아들이게 되었습니다. 처음부터 완벽할 수는 없으니 서툴고 부족한 지금의 모습도 소중한 한 부분이라고 여기게 된 거죠.

연결과 공감에 대한 욕구가 커진 것도 중요한 요인입니다. 많은 사람이 완벽한 모습보다는 취약하고 진솔한 모습을 공유할 때 더 깊은 인간적 유대감을 형성할 수 있다는 걸 경험했어요. '나도 이런 실수 해 봤어' '나도 이런 고민을 하고 있어'라는 공감대가 형성되면서, 완벽한 척하는 것보다 진솔한 모습을 보여 주는 것이 오히려 더 매력적이고 영향력 있는 소통 방식이 되었습니다.

불완전성을 다르게 보는 시선

실리콘밸리의 '빠르게 실패하고 빠르게 배우기fail fast, learn fast' 문화가 국내에도 영향을 미치면서, 실패를 부정적인 것이 아니라 학습과 성장의 기회로 보는 시각이 늘어났습니다. 특히 스타트업 문화와 창업 열풍이 확산되면서, 시행착오를 통한 학습이 오히려 중요한 자산으로 여겨지게 되었죠.

미숙함의 미학은 완전히 새로운 현상은 아닙니다. 예전부터 있었던 '인간적인 매력' '소탈함' '겸손함' 같은 가치들과 연결되어 있어요. 하지만 과거에는 이런 것들이 주로 사적인 영역에서만 드러나는 것이었다면, 이제는 공개적으로 표현하고 심지어 적극적으로 어필하는 요소가 되었다는 점에서 차이가 있습니다.

일본의 와비사비わびさび*, 서구의 임퍼펙션imperfection** 문화와도 비슷

---

* 일본의 전통 미학이자 철학으로, '불완전함', '일시성', '자연스러움'에서 아름다움을 찾는 독특한 감수성을 의미한다.

** 불완전함, 결함, 비정형, 자연스러움 등 완벽하지 않은 것에서 아름다움과 매력을 찾는 현대적 감수성. 패션, 뷰티, 인테리어 트렌드로 시작되어 최근 라이프 스타일 전반에 영향을 미쳤다.

한 맥락입니다. 완벽하지 않은 것에서 오히려 아름다움을 찾는 미학적 관점이 한국 사회에도 서서히 스며들고 있는 것이죠. 특히 인스타그램의 '리얼 인스타' 트렌드나 틱톡의 일상 브이로그 문화 등이 이런 변화를 가속화했습니다.

기존의 자기계발 문화와도 연결점이 있지만, 접근 방식이 다릅니다. 과거의 자기계발이 '부족한 것을 채우기'에 집중했다면, 미숙함의 미학은 '지금 이 상태의 가치 인정하기'에 더 관심을 보여요. 성장은 여전히 중요하지만, 그 과정에서 느끼는 즐거움과 의미를 더 중시하게 된 것입니다. 특히 기존의 문화와 다른 점을 꼽자면 세 가지를 이야기할 수 있습니다.

취약성에 대한 태도

기존에는 부족함을 치명적인 약점으로 여겼습니다. 모르는 것이 있으면 부끄러워하고, 실수하면 변명하며, 완성되지 않은 것은 절대 보여주지 않으려 했죠. 하지만 미숙함의 미학을 받아들인 사람들은 다릅니다. 오히려 자신의 취약한 면을 솔직하게 드러내는 것이 더 깊은 신뢰와 연결을 만든다는 것을 믿죠. 정신건강에 대한 사회적 인식이 크게 개선되면서, 완벽주의가 오히려 우울과 불안의 원인이 될 수 있다는 것이 널리 알려지기도 했습니다. '완벽하지 않아도 괜찮다' '실패해도 괜찮다'는 메시지가 단순한 위로를 넘어서 실제 정신건강을 지키는 중요한 생활 철학으로 받아들여지고 있습니다.

성공에 대한 현실적 인식

과거 한국 사회는 극단적인 성공 지향 사회였습니다. 1등만 기억하고, 완벽한 결과만 인정받으며, 실패는 숨겨야 할 수치로 여겨졌죠. 하지만 저성장 시대로 접어들면서 과거 한국 사회가 추구했던 극적인 성공은 점점 현실성이 떨어지는 환상이 되어가고 있습니다. 집값은 천정부지로 오르고, 취업은 갈수록 어려워지는 등 기존의 성공 공식들이 더 이상 작동하지 않는 상황에서 사람들은 성공의 기준 자체를 재정의합니다. 문화가 만들어 낸 과도한 경쟁 스트레스와 완벽주의적 압박에 '이제 그만하자' 같은 반작용이 일어나는 것입니다. 특히 MZ세대를 중심으로 자기 돌봄과 진정성에 대한 관심이 높아지면서, 무리해서 완벽한 모습을 연출하기보다 있는 그대로의 자신을 받아들이고 사랑하려는 움직임이 확산되고 있어요. 완벽한 성공을 추구하다가 번아웃되기보다, 작고 소소한 만족과 의미를 찾는 것이 더 현실적이고 지속 가능하다는 인식이 확산된 거죠.

학습에 대한 접근

모르는 것을 부끄러워하기보다 배우는 과정 자체를 즐기는 태도가 널리 퍼졌습니다. 초보자의 시선이 낯익은 대상에 새로움을 불어넣는다는 사실, 직접 해 보며 얻는 촉각적인 배움이야말로 기억에 오래 남는다는 사실을 경험으로 아는 사람이 많아졌죠.

누구나 공감하는 보편적 흐름

미숙함의 미학은 특정 연령대나 계층에만 국한되지 않아요. 다만 세대별로 표현 방식과 동기에 차이가 있습니다. 2~30대는 주로 SNS를 통해 이런 문화를 주도합니다. 인스타그램 스토리에 실패담을 올리거나, 유튜브에 서툰 도전기를 올리기도 하죠. 이들에게는 완벽주의적 압박에서 벗어나고 싶은 욕구와 진정성 있는 소통에 대한 갈망이 주요 동기로 작용하고 있습니다.

4~50대는 상대적으로 조심스럽지만, 새로운 취미나 도전을 시작할 때 초보자의 마음가짐을 긍정적으로 받아들이는 경향이 늘어나고 있어요. 특히 은퇴 이후의 삶을 준비하면서 다시 배우는 즐거움에 눈을 뜨는 경우가 많습니다.

완벽하지 않아도 괜찮고, 서툴러도 아름답고, 실패해도 의미 있다는 믿음. 결국 미숙함의 미학은 과한 성취 압박에 지친 모두가 선택한 새로운 삶의 태도입니다. 베타라이프의 언어로 말하자면, 우리는 완성품이 아니라 베타 버전으로 살아갑니다. 오늘의 시행착오가 내일의 업데이트가 되고, 작은 배움들이 쌓여 우리를 더 단단하게 만들어 줍니다.

미숙함을
특별함으로
바꾼 브랜드

완벽하지 않은 상태를 부끄러워하거나 감추기보다는 그 자체로 가치 있고 매력적인 것으로 받아들이는 태도로, 미숙함을 특별함으로 바꾼 브랜드들이 있습니다. 미숙함의 미학은 현실에서 어떻게 나타나고 있을까요?

〈모태솔로지만 연애는 하고 싶어〉
미숙하지만 사랑스러운 고백

2025년 7월, 넷플릭스에 올라온 한 예능 프로그램이 화제가 되었습니다. 제목부터 솔직했죠. 〈모태솔로지만 연애는 하고 싶어〉. 연애 경험이 전무한 모태솔로들의 첫 연애 도전을 다룬 이 프로그램은, 공개 직후 한국 넷플릭스에서 국내 주간 2위를 기록하며 글로벌 TOP 10에까지 진입했습니다.

이 프로그램이 주목받는 이유는 단순히 연애 프로그램이 아니라, 완벽하지 않은 연애 초보자의 모습을 당당하게 드러내며 그 자체로 매력적인 콘텐츠로 만들어 냈기 때문입니다. 미숙함의 미학이 가진 가치를 생생하게 보여준 대표적인 예라고 할 수 있어요.

기존 연애 프로그램과의 차별성

2017년부터 채널A를 통해 방영된 한국 연애 프로그램의 시초이자 대표적 연애 프로그램인 <하트시그널>은 일반인 남녀가 '시그널 하우스'에서 생활하며 형성되는 러브라인을 관찰하고 스튜디오의 패널들이 이를 추리하는 형식이었습니다. <하트시그널>은 2~30대 일반인 남녀 출연자들의 수려한 외모와 직업, 감각적인 배경음악과 영상 필터링 등을 통해 '연애의 낭만화'를 추구했죠.

반면 <모태솔로지만 연애는 하고 싶어>는 연애의 완성된 모습이 아닌 시작 단계의 서툰 모습에 집중합니다. 출연자들의 사연은 과장되지 않습니다. 공대에서 군대로 이어진 시간 동안 이성 교류 기회가 적었다든지, 문화적 오해로 남은 두려움 때문에 첫걸음을 오래 미뤄 왔다든지, 타이밍이 영 맞지 않아 번번이 어긋났다는 평범한 이야기들이죠. 이런 현실적이고 공감할 수 있는 사연들이 시청자들의 진정성을 인정받는 요소가 되었습니다.

제작진은 '매력이 없어서가 아니라, 배울 기회가 없었던 것뿐'이라는 사실을 집요하게 보여 줍니다. 첫 연애의 설렘과 동시에 찾아오는 극도의 서투름을 정면으로 다루며, 화려하고 능숙한 플러팅 대신 연애 경험 전무한 모태솔로들의 좌충우돌 첫 연애 도전을 담아 진정성 있는 성장 서사를 그려냈죠.

제작진은 인터뷰에서 "가장 중요하게 본 게 진정성이었다."라고 밝히기도 했습니다. 인플루언서를 꿈꾸는 사람들은 30분만 인터뷰해 보면 바로 티가 난다며, 유명세를 노린 참가자들을 걸러냈다고 해요. 그렇게 선정한 진정성 있는 참가자들은 "인생에서 단 한 번이라도 사랑을 해 보고 싶어요."라는 진심 어린 고백이나 "사랑이 이렇게 힘든 건가요?"라는 대사들로 시청자들에게 강한 공감을 불러일으켰습니다.

솔직한 태도로 불러일으킨 공감

완벽하게 연출된 연애 콘텐츠에 지친 젊은 세대들에게 이 프로그램은 날것 그대로의 진솔한 모습을 보여 주었습니다. SNS와 커뮤니티에서 "진정성 200%" "첫 연애의 설렘과 서툼이 리얼하다."라는 호평이 이어진 것도 이런 맥락에서 이해할 수 있죠. "모솔들이라 너무 귀엽고 순수해서 기분이 좋아지는 연프"라는 반응을 보이며, 출연자들의 서툰 모습을 애정 어린 시선으로 바라보는 문화가 형성되었습니다.

프로그램이 단순한 짝짓기 예능을 넘어 '나를 알아가고 자신감을 찾아가는 여정'에 초점을 맞춘 것은 완벽주의 문화에 지친 현대인들에게 새로운 메시지를 전달했습니다. 김노은 PD는 종영 인터뷰에서 "예쁘고 멋진 모습을 보여 주기가 쉬운데, 솔직하게 이야기하고 자신을 드러낸 건 정말 용기 있는 일이다. 고마운 분들이다."라며 출연자들의 진정성을 높이 평가했습니다. 연애를 못해도 괜찮고, 서툰 과정 자체도 충분히 의미 있다는 관점을 제시한 거죠.

〈모태솔로지만 연애는 하고 싶어〉는 연애 초보자의 서툰 모습을 매력적인 콘텐츠의 핵심으로 삼으며 미숙함의 미학을 성공적으로 구현했습니다. 기존 연애물이 보여 주던 완벽한 판타지와 달리, 실패와 서툼을 통해 오히려 더 깊은 공감과 연결을 끌어낸 것이죠. 이처럼 완벽하지 않아도 괜찮다는 프로그램의 메시지는, 이상적인 모습에 지친 현대인들에게 진정한 위로와 재미를 선사하며 새로운 콘텐츠의 가능성을 증명했습니다.

블러디 포터리
불완전한 아름다움을 빚는 도자기 브랜드

지중해의 섬, 키프로스에 위치한 작은 도시 라르나카에는 작은 도자기 스튜디오 블러디 포터리^{Bloody Pottery}가 있습니다. 이름부터 범상치 않은 이 핸드메이드 도자기 스튜디오는 완벽하지 않은 아름다움을 당당하게 내세우며 '미숙함의 미학'을 드러내는 대표적인 브랜드입니다. 이 브랜드 모토는 '대담하고 리얼한 핸드메이드^{Bold. Real. Handmade}'이며, 인스타그램에서는 "우리는 세상에 단 하나뿐인 개성 있는 도자기를 만든다."라고 자신들을 소개합니다.

날것의 순간을 표현한 이름

'블러디^{bloody}'는 일반적으로 영국식 영어에서 놀람, 화, 좌절, 기쁨 등 강한 감정을 표현할 때 쓰이는 단어입니다. 예상치 못한 실패나 기쁨의 순간에 '블러디 헬^{bloody hell}'이라는 감탄사를 내뱉기도 하죠. '블러디 포터리'는 도자기를 만드는 과정에서 겪는 감정적이고 예측 불가능한 순간들, 작업 중 예상치 못하게 작품이 망가졌을 때의 좌절감이나 멋진 작품이 탄생하는 순간의 기쁨 등 극단적인 감정을 브랜드명으로 승화시킨 이름입니다. 실패와 좌절의 순간들, 그리고 예상치 못한 아름다움이 동시에 존재하는 현실을 브랜드명으로 표현한 거예요.

블러디 포터리는 핸드메이드 도자기의 거칠고^{raw} 정서적이며^{emotional} 불완전한 것^{imperfect}을 브랜드의 핵심 가치로 내세웠습니다. 이는 미숙함의 미학이 추구하는, 서툶을 포용하고 그 속에서 오히려 더 진정성 있는 아름다움과 개성을 발견하는 새로운 관점을 보여 줍니다.

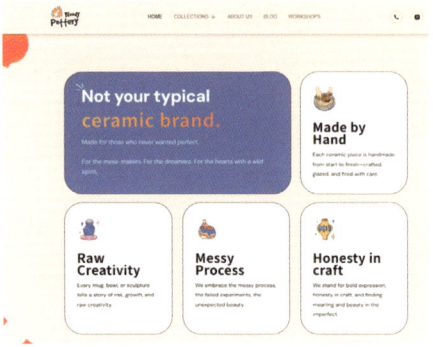

블러디 포터리 홈페이지 ©Bloody Pottery

제약 속에서 발견한 독창성

블러디 포터리는 러시아 출신의 타냐^{Tanya}와 우크라이나 출신의 비^{Vi}, 2명의 세라믹 아티스트가 키프로스에서 함께 시작한 브랜드입니다. 타냐는 아무도 진지하게 받아들이지 않을 때도 도자기에 대한 꿈을 간직했던 인물이고, 비는 낮에는 그래픽 디자이너로, 밤에는 도자기 아티스트로 활동하며 진정한 세라믹 천재로 불리는 인물이에요.

2024년 4월 출시한 첫 번째 공식 컬렉션 이름도 재미있습니다. '베이비 스텝$^{Baby\ Steps}$', '첫걸음'이라는 의미처럼 미숙함을 미학의 가치로 포용한 컬렉션이죠. 창립자들은 이 컬렉션을 햇빛과 언더글레이즈^{underglaze*}, 그리고 완전히 새로운 것을 시도하는 스릴로부터 태어난 컬렉션이라고 소개합니다.

> "돌이켜보면, 베이비 스텝을 제작하던 때는 내가 가장 자유로움을 느꼈던 시간이었을 거예요. 무엇이든 누구든 되어야 한다는 압박이

---

* 유약을 바르기 전 자기의 표면을 장식하는 도자기 기법 중 하나

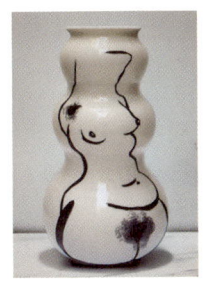

베이비 스텝 컬렉션 중 일부 ©Bloody Pottery

없었거든요. 맞춰야 할 스타일도 없었고, 충족시켜야 할 기대도 없었어요. 그때는 선택할 수 있는 유약이 많지 않았기 때문에 우리가 가진 것에 기댔어요. 언더글레이즈 페인트 말이에요. 그리고 색상과 붓질이 길을 인도하도록 했죠."[25]

창립자 중 한 명은 베이비 스텝 컬렉션 제작 과정을 이렇게 회고합니다. 제약 속에서 발견한 독창성이었던 거죠.

완벽함이 아닌 당신의 이야기를 담은 도자기

"작은 홈 스튜디오에서 하루를 보내며 낮에는 본업을 하고, 늦은 밤에는 점토 작업을 병행하고 있어요."라는 솔직한 고백처럼, 블러디 포터리는 이상이나 완벽함과는 거리가 먼, 일상의 현실을 그대로 공유합니다. 대부분의 도자기 브랜드들이 '완벽한 원형' '균일한 두께' '정확한 대칭'을 자랑할 때, 블러디 포터리는 정반대 방향으로 갔어요. '두 개의 동일한 작품은 존재하지 않는다'라는 걸 오히려 자신들만의 특별함으로 내세운 거죠.

타냐와 비는 "도자기는 단순히 물건을 만드는 것이 아니라, 의미와 연결, 그리고 있는 그대로의 우리 모습을 보여 주는 것"이라고 말합니다. 제품의 완벽함보다는 만드는 과정에서 자연스럽게 생겨나는 이야기와 감정에 더 큰 가치를 두고, 흙을 빚으면서 느끼는 감정, 가마에서 구워지면서 예상치 못하게 생기는 색감이나 질감까지도 모두 그 작품만의 고유한 매력이라고 여기죠.

브랜드가 내건 슬로건도 인상적입니다. "도자기에서 당신의 인생 이야기를 찾아라. 우리는 당신이 보여지고, 들려지고, 이해받는다고 느끼게 하는 예술을 만든다." 이들은 완벽하게 매끄러운 표면보다는 손으로 만든 자국이 남은 질감에서, 정확한 원형보다는 살짝 비뚤어진 모양에서 오히려 더 깊은 개인적 연결감을 느낄 수 있다고 봐요. 브랜드 이름부터 제작 과정, 소통 방식에 이르기까지 모든 영역에서 일관되게 완벽하지 않아도 괜찮다는 메시지를 전달하면서도, 그 자체로 독특한 매력과 진정성을 창조했다는 점에서 블러디 포터리는 미숙함의 미학의 이상적 사례라고 할 수 있습니다. 불완전함을 당당히 내세우는 용기, 그것이 바로 블러디 포터리만의 매력입니다.

브뤼셀의 도시 브랜딩
완벽하게 불완전한: 있는 그대로의 도시가 가진 힘

"Brussels, Perfectly Imperfect.(브뤼셀, 완벽하게 불완전한)"

2023년 6월, 벨기에 브뤼셀이 18개월간의 연구 끝에 공개한 도시 브랜딩 슬로건을 보고 많은 사람이 깜짝 놀랐습니다. 대부분의 도시가 '완벽한 인프라' '깔끔한 도시 경관' '효율적인 시스템'을 내세우는 반면, 브뤼셀은 '불완전하지만 매력적인' 도시라는 정반대의 슬로건으로 도시를 소개한 것입니다. 유럽연합EU 본부로서 가졌던 관료적이고 차가운 이미지를 벗고, 도시의 진짜 매력을 알리기 위한 첫 공식 시도였습니다.

브뤼셀에는 오랜 상처가 있습니다. 바로 '브뤼셀화bruxellisation'라는 용어입니다. 과거 도시의 역사적, 건축적 매력을 훼손하고 무분별하게 현대식 건축물을 개발했던 역사 때문에 '브뤼셀화'라는 말이 대명사가 되어 '도시 계획 없는 무질서한 개발'을 뜻하는 부정적인 의미로 사용되었죠. 그러나 이번 브랜딩 프로젝트를 통해 필립 클로즈Philippe Close 브뤼셀 시장은 "(무분별하게 개발된 현대식 건축물들이) 오랫동안 부정적으로 인식되었지만, 이제는 도시의 자산이 되었다."라고 선언했습니다. 도시의 혼돈과 불완전함을 도시의 핵심 매력으로 재해석한 것입니다.

"우리는 결코 우리가 완벽했다고 한 적 없다." ©Resonance

'완벽하게 불완전한'의 진짜 의미

브랜딩의 핵심인 '완벽하게 불완전한'은 완벽함을 내세우는 대신 도시가 가진 작은 혼란, 다양성, 유머를 솔직하게 인정하는 태도에서 탄생했습니다. 흥미롭게도 이 용어는 브뤼셀 특유의 '그럴 수도 있고, 아닐 수도 있어no maybe' 문화에서 따온 것입니다. 스스로를 너무 진지하게 여기지 않고, 타인 역시 있는 그대로 존중하는 도시 문화를 반영한 거죠.

마케팅 컨설팅 회사 리조넌스Resonance의 제레미 파인블랏Jérémie Feinblatt은 브뤼셀 시민들을 '혼돈을 두려워하지 않는 낙관주의자들'이라고 표현하며 질서 있고 완벽한 모습보다는 창의적인 에너지와 예측 불가능성이 가득한 모습을 도시의 매력으로 부각시켰습니다. 그래피티가 가득한 골목과 역사적 건축물이 한 프레임에 들어오는 풍경, 다국어가 뒤섞여 흘러나오는 트램 안의 소음, 정치의 심장과 예술의 심장이 한 블록 차이로 뛰는 리듬은 브뤼셀만의 개성이 되었습니다. 질서보다 생동, 청결보다 다양, 매끈함보다 유머를 내세웠죠. 이 도시가 가진 불완전함은 곧 자유의 표정이라는 사실을 정면으로 받아들인 것입니다.

브랜드의 핵심 메시지도 명확합니다. "In Brussels, we dare you to be yourself.(브뤼셀에서는, 과감히 당신다워지세요.)" 여기에 더해 브뤼셀 관광청은 온라인 브랜드 툴킷을 시민에게 공개하며, '우리의 불완전함을 사랑하는 법'을 시민이 앞장서서 전파하는 구조를 만들었습니다. 현지 크리에이터들은 이 언어를 스티커, 포스터, 굿즈로 만들어 활용하고, 골목 상점의 쇼윈도엔 'No Maybe' 같은 브뤼셀식 유머가 붙죠. 브랜딩이 캠페인에 머물지 않고 생활 언어가 되는 순간입니다.

브뤼셀 도시 브랜딩 사례 ©Stoemp Studio ©Resonance

구호를 넘어 도시의 정체성으로

완벽함보다 진정성을 선택한 브뤼셀의 용기 있는 도전은 많은 사람에게 새로운 영감을 주었습니다. 브뤼셀의 한 디자인 스튜디오 운영자는 현지 언론과의 인터뷰에서 이렇게 말했습니다.

> "브뤼셀에서 10년 넘게 살았는데, 'Perfectly Imperfect'만큼 이곳을 잘 표현한 말을 본 적이 없어요. 우리는 완벽하지 않지만, 그래서 더 자유롭고 인간적이죠. 이 슬로건은 우리의 자부심이 되었습니다."

최근 브뤼셀을 여행한 한 블로거는 사신의 SNS에 다음과 같은 후기를 남겼습니다.

> "파리나 런던과는 다른 '날것'의 매력이 있어요. 화려한 궁전 옆에 그래피티가 있는 모습이 혼란스럽지만, 그게 바로 브뤼셀의 진짜 모습 같아요. '불완전해서 더 완벽하다'라는 말이 딱 맞아요."

이처럼 '완벽하게 불완전한'을 내세운 브뤼셀의 도시 브랜딩은 단순한 구호를 넘어, 도시의 정체성을 명확히 하고 방문객들에게 독특한 경

브뤼셀 도시 브랜딩 영상 중 일부 ©Resonance

험의 프레임을 제공하는 역할을 성공적으로 수행합니다. '미숙함의 미학'처럼 완벽함보다 진정성을 추구하는 현대적 가치를 도시와 연결하고, '불완전함'을 자랑스러워할 수 있도록 만든 문화적 변화의 사례라고 할 수 있습니다.

퍽업 나이트와 퍽 마이 라이프
실패를 축하하는 글로벌 커뮤니티

"왜 모든 사람들이 주커버그나 게이츠 같은 성공 스토리만 이야기하고, 솔직한 실패 이야기는 공유하지 않을까?"

실패에 대한 금기를 깨는 글로벌 커뮤니티, '퍽업 나이트FUN, Fuck Up Nights'의 이야기입니다. 멕시코시티의 한 술자리에서 페페 비야토로Pepe Villatoro와 친구들이 던진 질문으로 시작된 퍽업 나이트는 현재 80개국

(오른쪽 위부터 시계방향대로) 퍽업 나이트 부에노스아이레스, 베를린, 토론토, 도쿄 ©Fuckup Nights

300개 이상의 도시에서 개최되는 세계적인 무브먼트가 되었죠. 규칙은 간단합니다. 3명의 연사가 각각 7분간, 10개의 이미지를 사용해 하나의 실패 스토리를 공유하는 거예요. 각 연사는 자신의 가장 큰 비즈니스 실패를 무대에서 용감하게 공유하고, Q&A 세션까지 진행하며 청중과 깊은 연결을 형성하죠.

퍽업 나이트의 창립자들은 "창업 당시 미디어에 끊임없이 나오는 단순한 성공 스토리에 지쳐 있었습니다."라며, "우리 자신의 실패 이야기를 공유하기 시작했을 때 우리가 하고 있는 일의 힘을 깨달았죠."라고 말합니다. 특히 '취약성으로 배우는, 진정성 있는 커뮤니티'가 이들의 핵심 가치가 되었습니다.

단순한 이벤트를 넘어서

　　　　　　이들의 모토는 명확합니다. "실패하는 건 별로지만, 가르침을 준다.^{Failure sucks, but it instructs.}"이죠. 창립자 페페 비야토로는 "실패를 피할 수 있다는 것이 첫 번째 오해이고, 실패가 궁극적으로 성공으로 이어진다는 것이 두 번째 오해입니다."라며 기존의 자기계발서적 논리를 정면으로 반박합니다. 대신 이들이 중요하게 여기는 것은 지원 네트워크와 소속감이에요. 실패 후 다시 일어서는 데 가장 중요한 요인은 지원 네트워크를 갖는 것, 즉, 커뮤니티의 일부가 되는 소속감을 만드는 것이라고 강조합니다.

　　퍽업 나이트는 기업 컨설팅으로도 발전했습니다. 비자^{Visa}와 함께 '위기를 기회로 전환하는 부트캠프'를 진행했고, 시멕스^{CEMEX}와는 유럽과 아메리카 전역의 사무실에서 이벤트를 주최하여 스토리텔링을 통한 혁신을 도모했어요. 존슨앤존슨 메드테크^{J&J Medtech}와는 조직 문화 평가와 리더십팀의 소통 기술 강화 워크숍을 진행했습니다.

일상적인 실패 이야기, 퍽 마이 라이프

　　　　　　퍽 마이 라이프^{FML, FMyLife}는 오래 전부터 많은 사랑을 받고 있는 커뮤니티 플랫폼입니다. 이 플랫폼은 사용자들이 'Today(오늘)'로 시작해서 'FML^{Fuck My Life}(웃픈 내 인생)'으로 끝나는 짧은 일상 이야기를 공유하는 방식으로 운영됩니다. 퍽업 나이트에 비해 훨씬 더 일상적이고 개인적이죠. 거대한 비즈니스 실패가 아닌 '지극히 일상적인 소소한 실패들'에 초점을 맞추는 것입니다. 퍽 마이 라이프 도서는 베스트셀러가 되었고, 이 커뮤니티 덕에 'FML'이라는 표현이 일상 언어로 정착되기도 했습니다.

"오늘, 동료들이 심심했는지 의자에 나를 묶어 놓고 죽을 때까지 간지럼을 태웠다. 잠시 후 상사도 참전했다. FML"

"오늘, 폐렴으로 쓰러져서 응급실에서 깨어났다. 상사한테 감염으로 병원에 있고 혈압이 235/163이라 출근할 수 없다고 했더니 돌아온 대답이 '그러니까 넌 게으른 XX고 동료들이 네 일을 대신해야된다는 거지?'였다. 오늘 아프지만 않았다면 당장 때려쳤을텐데. FML"

상사로부터 해고 통보를 받고 추방당하지 않기 위해 일자리를 구해야 한다는 퍽 마이 라이프 페이스북 포스팅
©FML

이런 사소한, 웃기면서 어딘가 서글픈 이야기는 오히려 더 많은 공감과 연결을 만들어 냅니다. 한 사용자는 "아침부터 기분이 좋지 않은 게 나만이 아니라는 걸 느끼게 해 주는 커뮤니티가 필요했어요. 사람들과 공유하고 나니 내가 가진 문제들이 작게 느껴졌습니다."라고 설명하기도 했습니다.

든든한 지원군이 된 퍽 마이 라이프

코로나19 시기를 거치면서 퍽 마이 라이프의 커뮤니티 문화는 크게 변화했습니다. 과거에는 '피부 관리'나 '나쁜 연애' 같은 가벼운 이야기들이 주를 이뤘다면, 현재는 더 실질적인 지원 공간으로 발전했죠.

운영자 알란 홀딩Alan Holding은 "사용자들이 웹사이트와 함께 성장했고, 이제는 서포트 그룹 같은 역할을 한다."라고 설명합니다. '해고되거나 승진에서 제외된 경험'을 공유하면서 커뮤니티가 '다른 직장을 찾는 팁'을 제공하는 식으로요. 상사로부터 해고 통보를 받고 추방당하지 않기 위해 일자리를 구해야 한다는 글에 해고의 불법성과 회사에 대항하는 방법, 소송을 통한 구제 방법 등이 댓글로 달리기도 했습니다.

퍽 마이 라이프는 초기에 '샤덴프로이데Schadenfreude*의 긍정적 활용'이라는 측면이 강했습니다. 사용자들이 자신보다 더 불행한 이야기를 읽으며 위안을 얻는 구조였죠. 하지만 시간이 지나면서 '나만 이런 게 아니구나'라는 소속감과 실질적인 조언을 주고받는 커뮤니티로 변화했습니다. 한 사용자가 아들의 내향적 성격 때문에 사회생활을 못할까봐 걱정된다는 글을 올리자, 댓글이 그의 행동을 옹호하고 자신의 경험을 공유하는 사람들로 가득 차기도 했습니다. 이는 단순히 실패를 소비하던 문화에서 진정한 커뮤니티 지원으로의 진화를 보여 줍니다.

두 플랫폼이 보여 주는 것

퍽업 나이트는 슈퍼히어로 기업가 신화에 도전하면서 비즈니스 세계의 실패 문화를 구축했고, 퍽 마이 라이프는 완벽하게 연출된 SNS 문화에 맞서 날것의 일상을 공유하는 공간을 만들었습니다. 각각 다른 방식으로 완벽함을 추구하는 기존 문화에 건강한 대안을 제시한 것이죠. 그리고 두 플랫폼 모두 '취약성을 드러내는 용기가 오히려 더 깊은 신뢰와 커뮤니티를 형성한다'라는 미숙함의 미학의 핵심을 구현

---

* '타인의 불행에서 느끼는 기쁨'을 의미하는 독일어 단어

합니다. 두 플랫폼 모두 실패를 '숨겨야 할 수치'에서 '학습의 원천이자 진정한 연결의 매개체'로 재정의하는 경험을 만들어 냈습니다.

이 두 사례는 미숙함의 미학이 단순한 개인적 태도를 넘어서 사회적 변화를 이끄는 강력한 도구가 될 수 있다는 사회적 가치를 보여 줍니다. 실패와 불완전함을 솔직하게 나누는 것은 개인의 성장뿐 아니라 조직의 혁신, 커뮤니티의 결속, 문화의 변화까지 만들어 낼 수 있습니다.

'메시 걸'과 '노멀 홈' 트렌드
정리되지 않은 일상의 미학

2024년 이후 전 세계 젊은이들의 일상을 바꿔놓은, 틱톡의 두 가지 트렌드가 있습니다. 바로 '메시 걸Messy Girl'과 '노멀 홈Normal Home'입니다. 두 트렌드에는 한 가지 공통점이 있어요. 완벽하게 세팅된 삶에 "이제 그만!"이라고 선언한 거죠.

메시 걸, 완벽한 척하기는 그만!

메시 걸 트렌드는 패션, 뷰티, 인테리어, 라이프스타일을 아우르는 종합적인 문화 현상입니다. 완벽하지 않은 상태를 가치 있고 매력적인 것으로 받아들이는 미숙함의 미학을 직접적으로 구현하죠. 애디슨 레이Addison Rae, 올리비아 로드리고Olivia Rodrigo 같은 셀러브리티들이 주도하는 이 트렌드는 세련된 것에서 정제되지 않은 날것으로의 전환, 즉 세팅된 완벽함에 대한 광범위한 반발을 의미합니다. 번진 메이크업, 지저분한 헤어스타일을 긍정하는 움직임이에요.

2025년 가장 주목받은 뷰티 트렌드가 바로 '타이어드 걸^(Tired Girl)' 메이크업입니다. CNN 보고서에 따르면, '지쳐 보인다'라는 말이 이제 온라인에서 칭찬이 되었다고 합니다.[26] 메이크업 아티스트 킴 브라운^(Kim Brown)은 이 현상을 '진정한 나를 찾은 것에 대한 축하이자, 전통적으로 이상적으로 여겨지던 세련되고 생기 넘치는 미의 기준에 대한 대립물'이라고 분석했습니다.

패션에서도 마찬가지예요. 〈티유패션^(TU Fashion)〉의 분석에 따르면 2025년은 지저분함의 해로, 매끈하게 뒤로 넘긴 번을 빼고 감은 지 이틀 된 머리로 밖에 나가고, 새것 대신 낡고 찢어진 검은 스타킹을 착용하며, 어젯밤의 번진 아이라이너를 그대로 두고 외출하는 것이 트렌드가 되었습니다. 패션 전문가 안 발루아^(Anne Valois)는 차분하고 미니멀한 이상으로 시작되었던 '클린 걸^(Clean Girl)' 트렌드가 이제는 경직된 것으로 여겨진다고 분석합니다. "사람들은 똑같이 보이고, 똑같이 행동하며, 동일한 루틴을 따라야 한다는 압박에 지쳐있거든요."[27]

바로 이 부분이 미숙함의 미학에서 지적한 완벽주의적 압박에 대한 반작용과 정확히 맞닿아 있습니다. 완벽하게 연출된 모습보다는 있는 그대로의 자신을 받아들이고 사랑하려는 움직임인 것이죠. 메시 걸 트렌드는 개인적 표현, 불완전함, 그리고 일상의 어수선함을 우선시합니다. 틱톡 크리에이터 멜로디 베르케르크^(Melody Verkerk)는 이를 '나만의 추억, 열정, 개인적 관심사의 모여 있는, 마치 살아 숨쉬는 것 같은 나만의 박물관'이라고 설명하기도 했습니다.

노멀 홈, 진짜 사람이 사는 집

노멀 홈 트렌드는 같은 시기 등장한 또 다른 반-완벽주의 운동으로, 틱톡 크리에이터들이 자신의 '평범하고 지저분한' 집을 당당히 공개하며 시작되었습니다. 스테파니 머피 Stephanie Murphy의 '평범한 집 투어' 영상이 바이럴되면서 '#노멀하우스 normal house' 해시태그는 수백만 조회 수를 기록했고, 잡지에 나올 법한 완벽한 인테리어 대신 실제 사람들이 살아가는 생생한 공간들이 주목받기 시작했죠. 냉장고에 아무렇게나 붙여진 아이들의 그림, 3년째 칠하지 않은 팬트리 문, 바인더 클립으로 고정된 블라인드를 보여 주면서 스테파니는 이렇게 말했어요. "평범함이 정상이다. 거기에는 아무것도 잘못된 것이 없다."

일반적인 집 투어가 10만 회 이상 조회되는 이유는 뭘까요? 한 언론사의 분석에 따르면, 사람은 '완벽한 모습보다는 취약하고 진솔한 모습을 공유할 때 더 깊은 인간적 유대감을 형성할 수 있다'고 합니다.[28] 많은 사람들이 이를 직접 경험했죠. 댓글도 '진짜 삶을 정상화하는 것에 감사하다'라는 반응이 주를 이룹니다. 집이 잡지에 나올 만큼 완벽하지 않더라도, 사람이 살고 있고 사랑으로 가득한 공간이면 충분히 아름답다는 인식의 변화가 핵심이에요. 끊임없이 완벽한 모습들에 노출되면서 사람들이 '진짜 현실'에 대한 갈증을 느끼기 시작한 거죠.

스테파니 머피의 '평범한 집 투어' 캡쳐 ©stephsharesitall

두 트렌드가 말하는 것

메시 걸의 번진 메이크업이나 노멀 홈의 어수선한 공간이 공감을 받는 이유는 '사실 모두의 삶이 SNS에서 공개한 것처럼 특별하진 않다'라는 공감대가 형성되기 때문입니다. 이 두 트렌드는 완벽하지 않은 상태를 부끄러워하거나 감추기보다는 그 자체로 가치 있고 매력적인 것으로 받아들이는 새로운 문화적 태도를 반영합니다. 특히 진실하게 시도하고 솔직하게 과정을 드러내는 태도는, 과도한 완벽주의와 경쟁 스트레스에 지친 현대인들에게 새로운 대안적 가치관을 제시하죠. 모든 게 완벽하게 꾸며진 모습보다는 진정성 있는 일상을, 외적 성취보다는 내적 만족을 중시하는 이러한 변화는 단순한 트렌드를 넘어서 새로운 삶의 철학으로 자리잡고 있습니다.

* * *

불완전함이 만드는 새로운 연결의 언어

미숙함의 미학은 단순히 실패를 미화하는 것이 아니라, **인간의 한계와 성장 과정을 자연스러운 삶의 일부로 받아들이는 성숙한 문화적 코드**예요. 이는 개인의 정신 건강뿐만 아니라 사회 전체의 혁신과 창의성을 촉진하는 새로운 문화적 자산이 되고 있습니다.

앞선 다섯 가지 사례들도 미숙함의 미학이 단순한 개인적 태도 변화가 아니라 사회 전반의 패러다임이 전환되고 있다는 것을 보여 줍니다. 연애 리얼리티에서의 어색함, 도자기의 의도적 불완전함, 도시 브랜딩의 모순 수용, 실패 이야기의 공개적 축하, 그리고 정리되지 않은 일상의 당당한 공개. 이 모든 사례는 취약성을 통한 진정한 연결을 추구합니다. 과거에는 완벽함이 신뢰와 존경의 근거였다면, 이제는 불완전함을 솔직하게 드러내는 것이 더 깊은 신뢰와 공감의 기반이 되고 있어요.

'나도 서툴다' '나도 완벽하지 않다'라는 고백이 '너도 괜찮다'는 메시지로 전환되면서, 새로운 형태의 사회적 연대가 형성되는 것입니다.

특히 불확실성이 일상이 된 시대에 미숙함의 미학은 도피가 아니라 지속 가능성의 기술입니다. 나를 과소평가하지 않되 과대 포장하지도 않고, 오늘의 실패를 내일의 언어로 바꾸는 느리지만 강력한 장치가 되죠. 완벽 대신 진정성을, 성과 대신 성실을, 연출 대신 기록을 택하는 순간 삶은 더 단단해집니다.

브랜드가 미숙함의 미학을 구현하는 다섯 가지 방법

이들 브랜드 및 사례가 공통적으로 사용하는 구체적인 구현 방법들을 분석하면 다음과 같습니다.

'날것'의 경험을 필터 없이 공유하기

완벽하게 연출되지 않은 현실은 사용자의 깊은 공감을 이끌어 냅니다. 〈모태솔로지만 연애는 하고 싶어〉가 연애 초보의 서툰 모습을 그대로 보여 주고 '노멀 홈' 트렌드가 정리되지 않은 집을 낭낭히 공개하듯 말이죠. 이는 인위적인 완벽함보다 불편하지만 진솔한 모습이 더 강력한 연결을 만든다는 믿음을 바탕으로 합니다.

실패를 학습과 연결의 자산으로 재정의하기

퍽업 나이트가 실패담을 공유하는 글로벌 커뮤니티를 만들고 퍽 마이 라이프가 사소한 일상의 실패를 나누는 공간이 되었던 것처럼, 숨겨야 할 치부로 여겨졌던 실패는 성장의 기회이자 유대감 형성의 촉매제로 활용될 수 있습니다. 특히 브랜드가 먼저 자신의 실패를 인정하고 공유하는 것은 고객과의 신뢰를 쌓는 가장 강력한 방법 중 하나입니다.

의도적인 불완전함으로 고유성 창조하기

블러디 포터리가 의도적으로 비대칭적이고 거친 질감의 도자기를 만들고 브뤼셀이 '완벽하게 불완전한'을 도시의 슬로건으로 내세우듯, 결점이나 불완전함을 숨기지 않고 오히려 브랜드의 독창적인 정체성으로 드러낼 수 있습니다. 이는 획일화된 시장에서 잊히지 않는 고유한 매력을 만드는 전략입니다.

초심자의 시선을 존중하고 기념하기

처음 시작하는 사람들의 미숙하고 서툰 과정을 격려하고, 그 자체의 가치를 인정하는 태도는 모두에게 환영받습니다. 모든 사람이 전문가가 되어야 한다는 압박에서 벗어나, 초심자이기에 가능한 순수한 즐거움과 발견의 기쁨을 제공하죠. 블러디 포터리의 '베이비 스텝' 시리즈도 이러한 가치를 공유하는 사례입니다.

완벽주의에 대한 건강한 대안 제시하기

'메시 걸' 트렌드가 '클린 걸'의 경직성에 반기를 들고 브뤼셀이 완벽한 타 도시와 차별화했듯, 지배적인 완벽주의 문화에 지친 사람들에게는 숨 쉴 틈과 대안적인 가치관이 필요합니다. '완벽하지 않아도 괜찮다'라는 메시지는 고객에게 심리적 안정감을 주고, 브랜드의 철학적 깊이를 더해요.

베타라이프 시대
다섯 번째 코드

나라는
공간

취향을 넘어 정체성이 되는 공간

"내향인들을 위한 유토피아 = 핀란드"

얼마 전 SNS에서 흥미로운 글을 봤습니다. 여행지를 추천하면 보통 랜드마크나 맛집 리스트부터 꺼내 들지만, 그 글은 전혀 다른 체크리스트를 내밀었죠. 버스 정류장에서는 기본 간격 1m, 버스 좌석은 가능한 한 띄엄띄엄 앉기, "오늘 날씨 좋죠?" 같은 스몰토크는 생략, 침묵이 흘러도 누구도 어색해하지 않기, 아파트 문을 열고 나갔다가 맞은편 인기척이 들리면 살짝 물러나 상대가 지나갈 때까지 기다렸다가 나가기, "애인은 있으세요?" "연봉은?" 같은 호구조사는 금물 등, 타인의 인생에 대한 지나친 호기심은 실례라는 문화를 소개하는 글이었습니다. 읽다 보니 피식 웃음이 나면서도, 이건 여행 가이드가 아니라 사람 가이드라는 생각이 들었습니다. 나와 맞는 도시의 기준이 '무엇을 볼 것인가?'에서 '내가 어떤 사람인가?'로 옮겨가고 있으니까요. 같은 길, 같은 카페라도 내 사회적 배터리의 용량, 대화의 밀도에 대한 선호, 몸이 편안해지는 거리감에 따라 완전히 다른 장소가 됩니다.

마지막 베타라이프 코드, **나라는 공간**은 공간이 개인에 따라 변화한다는 관점에서 정의되었습니다. 기존의 '제3의 공간' 개념과 연결되어 있지만, 훨씬 개인화된 형태로 진화했죠. 제3의 공간이 집과 직장이 아닌 대화와 소통을 위한 중립적이고 문화적인 공공장소였다면, 이제는 개인의 해석과 활용 방식에 따라 어떤 공간이든 '나만의' 제3의 공간이 될 수 있는 것입니다.

공간 꾸미기나 인테리어 문화와도 연결되지만, 접근 방식이 다릅니다. 과거에는 주로 시각적 아름다움이나 사회적 과시를 위해 공간을 꾸몄다면, 이제는 개인의 감정적 필요와 기능적 효율성을 우선시하죠. 86.9%의 젊은 1인 가구가 '살림은 일상을 잘 만들어 가는 과정'이라고 답한 것처럼, 공간 관리가 자기 관리의 일부로 인식되고 있습니다.[29]

일본의 '공간 미학'이나 북유럽의 '휘게hygge*' 문화와도 맥락이 닿아 있습니다. 공간 자체가 주는 감정적 경험을 중시하고, 작은 공간에서도 풍부한 의미를 찾아내려는 태도가 한국에도 영향을 미친 것입니다. 디지털 노마드 문화도 빼놓을 수 없습니다. 특정 장소에 얽매이지 않고 다양한 공간을 유연하게 활용하는 태도가 확산되면서, 공간에 대한 고정관념이 해체되고 있어요.

내 마음대로 해석하는 공간의 힘

생각해 보면 우리 일상의 공간 선택도 이와 다르지 않습니다. 누군가에게 카페는 수다의 장소지만, 다른 누군가에겐 조용히 앉아 집중을 켜는 개인 스튜디오가 됩니다. 동네 서점은 어떤 날엔 소비의 현장이지만, 또 어떤 날엔 마음을 진정시키는 치료실이 되죠. 공간의 의미를 먼저 정하는 건 장소가 아니라 사람입니다.

여기서 말하는 나라는 사람은 취향 몇 가지로 정의되지 않습니다. 오늘 내가 무엇에 몰입하고 있는지, 요즘 머릿속을 떠나지 않는 질문이 무

---

* '안락하고 아늑한 상태'를 의미하는 덴마크어로, 가족이나 친구 등 소중한 사람들과 함께 소박하고 여유로운 시간을 즐기는 라이프 스타일을 뜻한다.

엇인지, 사회적 에너지가 높은지, 낮은지 같은 상태까지 포함합니다. 다시 말해, 정체성은 고정된 명함이 아니라 현재진행형의 포지션이죠.

그래서 요즘의 공간 사용법은 한 줄로 요약됩니다. 바로 '이곳이 원래 무엇을 위한 곳인가?'보다 '지금의 나에게 어떤 상태를 만들어 주는가?'를 먼저 생각하는 것입니다. 커피의 맛보다 소음의 리듬, 천장 높이보다 시선이 부딪히지 않는 앉음새, 인테리어보다 와이파이 안정성과 조도 등 공간의 사양spec이 아니라 나의 스펙(현재 정체성과 과업)이 기준이 됩니다.

베타라이프를 사는 사람들은 이 감각이 특히 날카롭습니다. 오전에는 분석가, 오후에는 협업자, 밤에는 창작자가 되는 것처럼 역할이 바뀌면 필요도 달라지죠. 그래서 한 공간을 여러 번 재해석합니다. 제한된 물리적 공간 안에서도 최대한 다양한 경험을 만들어 내려는 욕구가 강해요. 작은 집에서도 구역을 나누어 시간대별로, 목적별로 다른 공간으로 활용하는 것처럼, 공간의 물리적 한계를 창의적 해석으로 극복하려고 합니다. 해리포터의 9와 4분의 3 승강장처럼, 겉보기에는 평범하지만 나만이 발견할 수 있는 숨겨진 가능성과 의미를 가진 마법 같은 공간을 만드는 것이죠. 같은 책상 위에서도 카메라 각도, 소명 온도, 음악 하나만 바꾸면 업무용 데스크가 곧장 글쓰기 서재로, 화상 회의실이 곧장 아이디어 스케치룸으로 전환됩니다. 장소가 달라지지 않아도, 나의 정체성이 달라지면 공간의 뜻도 달라집니다.

핀란드를 '내향인에게 맞는 여행지'로 부르는 감각은 결국, 공간을 고르는 첫 질문이 '어디에 가고 싶은가?'가 아니라 '누구로 있고 싶은가?'로 바뀌었다는 뜻입니다. 이 변화는 여행에서만 끝나지 않습니다. 출근길 엘리베이터, 동네 도서관, 집 안의 작은 테이블까지, 우리는 하루에도 몇 번씩 나라는 사람에 맞춰 공간을 다시 편집합니다.

공간의 변화를 이끈 사회 변화

베타라이프를 사는 사람들에게는 다양한 시도를 하기 위한 공간의 필요성이 중요한 동기가 됩니다. 새로운 취미를 시작하거나, 부업을 준비하거나, 창작 활동을 할 때마다 그에 맞는 분위기와 환경이 필요해요. 하지만 매번 새로운 공간을 찾아다니는 것은 비효율적이므로, 기존 공간에 새로운 의미를 부여하고 그 맥락에 맞게 활용하는 방식을 선택하게 된 것입니다. 이 새로운 편집법 뒤엔 분명한 동력이 있습니다. 원격근무의 보편화, 1인 가구의 증가, 다중 정체성을 실험하는 삶 등, 현대 사회의 다양한 라이프스타일 변화가 '나'를 기준으로 공간을 재해석하게 만들죠.

'쉬는 공간'과 '일하는 공간'의 모호한 경계

원격 근무와 유연 근무의 확산으로 집과 사무실의 경계가 모호해졌습니다. 집에서 일하고, 카페에서 회의하며, 공원에서 아이디어를 구상하는 것이 일상이 되면서, 모든 공간이 잠재적인 작업 공간이 될 수 있다는 인식이 생기게 된 거죠.

1인 가구의 증가

1인 가구의 폭발적 증가도 중요한 배경입니다. 2024년 기준으로 1인 가구가 전체 가구의 36%를 넘어섰습니다. 이 중 77.7%는 1인 가구를 지속 가능한 가구 형태로 인식하고 있죠.[30] 경제적 현실상 넓은 개인 공간을 확보하기 어려운 상황에서, 기존 공간을 창의적으로 활용해 개인적 욕구를 충족시키는 방식을 택하게 된 것입니다.

공간 경험을 통한 힐링

이제 사람들은 공간을 단순히 기능적인 장소가 아니라 감정을 충전하고 치유 받는 도구로 봅니다. 25~34세 1인 가구 중 83.5%가 '집 상태가 내 기분과 생활에 영향을 준다'라고 답할 정도로, 공간과 감정의 관계를 중요하게 여기죠.[31]

공간의 새로운 가치

오늘날 공간은 단순히 물리적 크기나 소유 여부로 평가되지 않습니다. 그 공간에서 무엇을 경험하고, 어떻게 활용하며, 어떤 가능성을 발견할 수 있는지가 더 중요한 기준이 되었죠. 이러한 변화는 크게 세 가지 측면에서 나타나고 있습니다.

소유에서 경험으로

가장 큰 차이는 공간에 대한 관점이 소유에서 경험으로 변화했다는 것입니다. 예전엔 더 넓은 집, 더 좋은 위치, 더 비싼 인테리어가 중요했습니다. 하지만 나라는 공간을 추구하는 사람들에겐 작은 공간이라도 그 안에서 얼마나 풍부하고 의미 있는 경험을 할 수 있는지가 더 중요합니다. 공간을 '갖는 것'에서 '활용하는 것'으로 패러다임이 완전히 바뀐 거죠.

배타성에서 공유성으로

과거에는 내 공간과 남의 공간을 명확히 구분했습니다. 집은 가족만의 공간, 사무실은 직장 동료들만의 공간이라는 식으로 경계가 뚜렷했죠. 하지만 이제는 공간의 경계가 훨씬 유연해졌습니다. 집에서 온라인으로 전 세계 사람들과 회의하고, 카페에서 모르는 사람들과 자연스럽게 공간을 공유하며, 코워킹 스페이스에서 다양한 사람들과 같이 또 따로 일하죠. 이제 공간은 소유물이 아니라 필요에 따라 공유하고 교환할 수 있는 자원으로 인식됩니다.

완성도보단 가능성으로

공간의 완성도에 대한 기대도 달라졌습니다. 예전에는 공간이 완벽하게 갖춰진 상태여야 사용할 수 있다고 여겼습니다. 모든 가구가 제자리에 있고, 인테리어가 끝나고, 필요한 시설이 다 준비되어야 완성된 공간이라고 봤죠. 하지만 베타라이프를 사는 사람들은 미완성 상태의 공간도 얼마든지 활용할 수 있다고 생각해요. 빈 공간에 간단한 소품 몇 개만 가져와도 원하는 분위기를 만들 수 있고, 완벽하지 않은 환경에서도 창의적으로 적응해서 목적을 달성할 수 있다고 여기죠. 공간의 완성보다는 가능성에 더 주목합니다.

세대를 가로지르는 공간에 대한 욕구

나라는 공간에 대한 감수성은 특정 세대의 전유물이 아닙니다. 가장 근본적인 공통점은 모든 세대가 공간의 효율성에 대한 욕구를 가지고 있다는 점입니다. 경제적 부담이 커지고 공간 비용이 상승하는 상황에서, 주어진 공간을 최대한 의미 있게 활용하고 싶어 하는 욕구는 연령과 소득에 관계없이 보편적으로 나타나고 있어요.

모든 계층에서 개인화된 공간에 대한 갈망도 증가하는 중입니다. 과거처럼 획일적인 공간 활용에 만족하기보다는, 자신만의 특별한 의미와 가치를 찾고 싶어 하는 욕구가 공통적으로 관찰되죠. 이는 개인주의 문화의 확산과 자아실현에 대한 관심이 전 세대에 걸쳐 높아진 결과라고 볼 수 있습니다.

마지막으로, 무엇보다 디지털 기술의 보편화가 모든 세대의 공간 인식을 바꾸고 있습니다. 스마트폰과 인터넷을 통해 어디서든 일하고, 학습하고, 소통할 수 있게 되면서 고정된 공간의 필요성이 줄어들었어요.

결국 나라는 공간은 **물리적 제약과 사회적 관습을 넘어서 개인의 창의성과 상상력으로 새로운 경험을 만들어 내려는 현대인들의 적응 전략**이라고 할 수 있습니다. 주어진 환경을 수동적으로 받아들이기보다 능동적으로 해석하고 변화시켜 나가는 이 태도는, 앞으로 더욱 복잡하고 다채로워질 개인의 삶에 중요한 역량이 될 것입니다.

나라는 공간을 제공하는 브랜드

이제 우리는 공간을 살필 때 '여기가 원래 무엇을 하는 곳인가?'보다 '지금의 나를 어떤 상태로 바꿔줄 수 있는가?'를 먼저 묻습니다. 앞으로 소개할 사례는 카페, 서점, 거실, 도시까지, 하나의 공간을 스펙이 아니라 나(정체성, 과업, 에너지 상태)를 기준으로 재설계합니다. 장소가 사람을 규정하던 시대에서 사람이 장소를 편집하는 시대로의 전환이 어떻게 구현되는지, 각 장면을 따라가며 살펴 봅시다.

유럽의 디지털 노마드 시스템
국경을 넘나드는 새로운 삶의 방식

스페인 발렌시아의 한 카페에서 화상회의를 마친 프리랜서가 다음 날 포르투갈 리스본의 코워킹 스페이스로 이동해서 새로운 프로젝트를 시작합니다. 한 달 후엔 에스토니아 탈린의 스타트업 허브에서 전혀 다른 사람들과 협업하며 또 다른 자신을 발견하죠. 이런 일이 이제 꿈이 아닙니다. 2020년 에스토니아에서 처음 시작된 디지털 노마드 비자는 2025년 현재 전 세계 60여 개 국가에서 운영 중입니다. 이는 단순한 정책 변화가 아니라, 새로운 코드의 등장을 보여 주는 신호입니다.

각국이 내놓은 특별한 초대장들

포르투갈은 디지털 노마드를 세심하게 배려합니다. 포르투갈의 D8 비자는 열심히 일하는 프리랜서와 원격 직장인을 위한 것이고, D7 비자는 연금이나 임대소득, 배당금으로 생활하는 분들을 위한 비자입니다. 특히 매력적인 건 5년 후 영주권과 시민권까지 얻을 수 있는 명확한 길이 열려 있다는 점입니다. 단순히 '잠깐 머물다 가는 관계'가 아니라 '진짜 뿌리내릴 수 있는 관계'를 제안하고 있는 거죠.

원래도 디지털 노마드의 성지로 유명했던 불가리아 역시 2025년 공식적으로 디지털 노마드 비자를 도입했습니다. 불가리아의 디지털 노마드 비자는 가성비의 끝판왕입니다. 유럽에서 가장 낮은 생활비로 빠르게 성장하는 스타트업 생태계를 만날 수 있죠. 특히 디지털 노마드들에게 유명한 지역인 반스코^{Bansko}는 겨울엔 스키 리조트, 여름엔 하이킹과 클라이밍의 천국으로 변하면서 계절마다 다른 모습을 보여 줍니다.

13층 건물 전체를 혁신과 창의성의 허브로 바꿔버린 네덜란드 암스테르담의 민간 코워킹스페이스 TSH 콜랩$^{TSH\ Collab}$도 놀랍습니다. 단순한 업무 공간이 아니라 바와 레스토랑, 운하 근처의 멋진 전망까지 어우러진 통합적 경험을 제공하죠. 창의적인 공간과 회의실, 선반 공간, 커피까지 모든 걸 제공하면서 고도의 보안 시스템까지 갖춘 플랜트 22^{Plant22}의 암스테르담-서부 지점도 매력적입니다. 체코 프라하의 페이퍼 허브$^{Paper\ Hub}$는 조금 독특합니다. 세계 최초의 암호화폐 전용 코워킹스페이스죠. 평범한 커피숍이 오직 암호화폐로만 결제가 가능한 혁신적인 공간으로 진화한 사례입니다.

단순한 업무 공간을 뛰어넘어 라이프스타일을 함께 하는 코워킹 프로그램도 있습니다. 포르투갈 라고스^{Lagos}의 디지털 노마드 커뮤니티는 명상, 요가 같은 의식 활동에 특화되어 있죠. 여기서는 일하러 왔다가

좌) 노마드 시티 해변 일몰 클래스 ©The Global Circle
우) 노마드 시티 페스티벌 2023 ©Nomad City

자신도 몰랐던 내면의 세계를 발견하고 돌아가는 사람들이 많습니다.

스페인의 카나리아 제도에 속한 섬, 그란 카나리아 Gran Canaria의 수도 라스 팔마스 Las Palmas에서는 노마드 시티라는 단체에서 디지털 노마드들을 위해 체계적인 프로그램을 운영합니다. 도착하자마자 무료 코워킹 스페이스 접근권과 숙박 안내를 받고, 노마드 전용 슬랙 그룹에도 초대받죠. 매주 하이킹 여행과 해변 일몰 피트니스 클래스까지 있으니, 혼자 와도 외롭지 않습니다.

유럽 연합도 노마딕 Nomadic 프로젝트를 시작하며 이 변화의 물결에 뛰어들었습니다. 이 프로젝트는 '플랫폼 경제와 연결된 고도의 이동성을 특징으로 하는 새로운 노동자 집단'이 전 세계 도시의 소비 패턴과 생활 방식, 일하는 문화를 바꾸고 있다고 분석해요. 단순한 관광 트렌드가 아니라 근본적인 사회 변화로 보고 있다는 뜻입니다.

완벽함보다 가능성에 주목하는 새로운 세대

이 모든 변화의 핵심은 공간의 완성보다는 가능성에 더 주목하는 새로운 세대의 가치관입니다. 완벽하게 갖춰진 상태의 공간을 기다리기보다는, 미완성 상태의 공간도 창의적으로 활용해서 자신만의 의미 있는 경험을 만드는 거죠. 베타라이프를 사는 현대인들의 지속적인 실험과 개선 철학과 딱 맞아떨어집니다. 오늘은 스페인에서 디자이너로, 내일은 포르투갈에서 스타트업 창업자로, 모레는 에스토니아에서 컨설턴트로, 같은 사람이지만 다른 공간에서 다른 모습으로 살아가는 거예요.

유럽의 디지털 노마드 생태계는 나라는 공간이 제시한 미래가 현실이 되고 있음을 보여 줍니다. 단순한 원격 근무 트렌드를 뛰어넘어서, 개인이 자신의 정체성과 꿈을 뒷받침하는 공간을 능동적으로 만들어 가는 새로운 삶의 방식이 등장한 거죠. 특히 놀라운 건 이런 변화가 개인적인 차원에서만 일어나는 게 아니라는 점입니다. 국가 정책, 도시 계획, 연구 프로젝트, 민간 서비스가 하나의 거대한 생태계를 만들죠. 유럽 연합의 노마딕 프로젝트가 보여 주듯, 이제 디지털 노마드는 학문적 연구와 정책적 지원이 필요한 중요한 사회 현상으로 인정받고 있습니다. 무엇보다 이 생태계는 앞으로도 계속 진화할 것입니다. 나라는 공간의 가장 역동적인 모습을 보여 주는 실험실이니까요.

〈자취남〉
가장 사적인 공간을 탐구하는 유튜브 채널

"혹시 냉장고 좀 열어 봐도 될까요?"

정성권 씨가 카메라를 들고 다른 사람의 집에서 이런 질문을 던집니다. 놀랍게도 대부분의 사람들이 "네, 좋아요!"라고 대답하죠. 냉장고는 물론이고 장롱과 서랍장 구석구석, 때로는 쓰레기통까지 뒤지며 남의 집을 구경하는 콘텐츠라니 이상하게 들리지만, 90만 명이 넘는 사람들이 〈자취남〉 채널을 구독하고 있습니다. 결혼한 사람들의 집을 보여 주는 〈유부남〉 채널까지 합치면 구독자가 약 115만 명에 달하죠. 고등학생부터 정신과 의사까지, 각계각층의 자취인이 꾸린 집을 구경하며 저마다의 개성을 보는 재미가 큽니다.

내 취향이 가득한 가장 사적인 공간

최근 집값이 급등하면서 집이라는 공간 자체에 대한 관심이 더욱 높아졌습니다. 〈자취남〉은 여러 자취인을 만나며 그들이 '집값'과 '한정된 공간'이라는 현실적 제약을 어떻게 창의적으로 돌파하고 있는지 보여 줍니다. 8평 원룸에서 침실, 거실, 작업실, 운동 공간을 만든 사람의 이야기나, 고시원을 호텔 스위트룸처럼 꾸민 대학생의 이야기는 시청자들에게 큰 영감을 줍니다. '나와 비슷한 처지의 사람들은 어떻게 살까?'에 대한 궁금증이 바로 이 채널의 원동력인 셈입니다.

정성권 씨는 한 인터뷰에서 집이란 '가장 나로서 있을 수 있는 공간이자 가장 사적이고, 나의 취향이 고스란히 드러나는 곳'이라고 말합니

〈자취남〉 유튜브 채널 ©자취남

다.[32] 그의 말처럼 우리는 직장인, 학생, 프리랜서 등 다양한 역할을 하지만, 집에서만큼은 가장 날것의 자신이 됩니다. 집이라는 공간에는 내가 어떤 음식을 해 먹는지, 어떤 책을 읽는지, 어떤 취미 생활을 하는지, 잠들기 전 어떤 루틴을 갖고 있는지가 고스란히 투영되어 있죠.

〈자취남〉 채널에 올라온 영상을 보면 단 한 집도 똑같은 집이 없습니다. 같은 평수, 같은 구조, 같은 동네라도 사는 사람에 따라 완전히 다른 공간이 되는 거죠. 바로 이것이 베타라이프를 사는 현대인들의 특징입니다. 오전엔 분석가, 오후엔 협업자, 밤엔 창작자로 역할이 바뀌면서 같은 공간도 계속 새롭게 의미를 부여하죠. 〈자취남〉이 보여 주는 건 이런 다양한 정체성과 시도들이 함축된 작은 공간입니다.

집이라는 가장 강력한 미디어

"누구와 어떤 집에 살더라도 가장 나답게 살 수 있는 공간이 마련되어 있으면 좋겠습니다."라는 정성권 씨의 말에는 〈자취남〉 채널의 진짜 메시지가 담겨 있습니다. 집은 단순히 잠자고 밥먹는 곳이 아니라, 지금의 나를 정직하게 보여 주는 강력한 미디어라는 거죠.

서울 집값이 천정부지로 치솟고 있지만, 〈자취남〉에 나오는 사람들은 좌절하지 않습니다. 대신 주어진 조건 안에서 자신만의 방식으로 공간을 해석하고 활용하는 창의적인 방법들을 찾아내죠. 그리고 그 과정에서 자신도 몰랐던 새로운 정체성을 발견하기도 합니다.

〈자취남〉 채널의 폭발적인 인기는 수많은 사람들이 나라는 공간이라는 새로운 코드에 깊이 공감하고 있음을 보여 줍니다. 이 채널은 단순히 예쁜 집을 구경하는 인테리어 콘텐츠가 아닙니다. 한정된 공간이라는 현실 속에서 각자의 정체성과 꿈을 투영하며 살아가는 동시대인들의 공간 인류학에 가깝죠. 가장 사적인 공간인 집이야말로, 베타라이프를 살아가는 현대인들에게 가장 중요한 표현의 무대입니다.

몬타나
필요에 따라 공간의 조각을 잇는 모듈 가구 브랜드

몬타나Montana는 1982년 덴마크에서 설립된 모듈 가구 브랜드로, 세계적인 가구 브랜드 프리츠 한센Fritz Hansen의 최고 경영자 출신인 피터 제이 라슨Peter J. Lassen이 창업한 브랜드입니다. 그의 오랜 고민은 '왜 모든 수납가구는 무겁고 딱딱하게 생겼을까? 왜 한 번 사면 평생 그 모양 그대로 써야 할까?'라는 것이었습니다. 그래서 그는 완전히 새로운 접근을 시도합니다. 5:7이라는 황금비율에 기반한 철저한 수학적 논리로 가구 시스템을 만들기 시작한 거죠. 36가지 기본 조각에 네 가지 깊

몬타나 가구 ©Montana Furniture

이, 43가지 색상을 조합하면 무한한 가능성이 열린다는 계산입니다. 스페인어로 '여러 개의 산이 중첩된 산악 지방'이라는 뜻인 '몬타나'를 브랜드명으로 사용한 것에도 작은 조각들을 연결하고 쌓아서 거대한 산맥을 만든다는 철학이 담겨 있습니다.

결국 몬타나의 핵심은 "개성을 위한 공간을 만든다.Making Room for Personality."입니다. "자신을 표현하는 것이 몬타나의 전부이며, 지속가능한 디자인과 뛰어난 솜씨를 통해 개인의 이야기를 만들고, 틀을 짜고, 전달할 수 있는 무한한 기회를 제공하고자 한다."라는 말이 그냥 마케팅 문구가 아니라는 걸 실제 사용자들의 반응에서 확인할 수 있죠.

43가지 색깔이 만들어 내는 개성의 스펙트럼

몬타나의 사용자들이 가장 높게 평가하는 점은 다양한 색상입니다. 덴마크의 디자이너이자 색상 전문가 마르그레테 오드고르Margrethe

몬타나 색상 칩 ©Montana Furniture

Odgaard가 선택한 43가지 색깔로 가구를 칠할 수 있죠.

작은 상자 같은 조각을 이용해 작은 수납장부터 TV 선반, 욕실 가구까지, 정말 다양하게 활용이 가능합니다. 집 전체를 몬타나 제품으로 꾸미는 것도 가능하죠. 실제로 만지고 사용해 본 사람들의 평가는 한결 같습니다. "굉장히 튼튼하면서도 실용적이고 동시에 아름다워요. 품질과 기능, 환경 친화성, 미학을 모두 잡은 브랜드예요."

변화에 답하는 유연함

베타라이프를 사는 사람들에게 몬타나의 시스템이 딱 맞는 이유가 있습니다. 오늘 창작자를 위한 작업 공간이 필요하다면 선반을 넓게 배치하고 조명을 밝게 설치하고, 내일 학습자를 위한 집중 공간이 필요하다면 칸막이를 추가하고 책꽂이 위주로 재배치할 수 있습니다. 친구들을 초대해서 소통 공간으로 쓰고 싶다면 또 다른 조합으로 바꿀 수 있죠. 8평 원룸에서도 몬타나 시스템 하나면 침실, 거실, 작업실, 수납공간이 모두 해결됩니다. 미완성 상태에서 시작해서 하나씩 조각을 추가하며 공간을 키워 나갈 수 있는 것도 큰 매력입니다. 당장 돈이 부족해도 기본 조각 몇 개로 시작해서 점점 확장하는 것이 가능하죠.

몬타나가 특별한 또 다른 이유는 시대 변화를 읽는 능력입니다. 해마다 새로운 스마트 TV나 인공지능이 더해진 블루투스 스피커가 출시하는 등 디지털 기기들이 진화합니다. 몬타나 시스템은 그런 변화에도 유연하게 대응할 수 있죠.

몬타나는 나라는 공간 트렌드를 가장 물리적이고 구체적인 형태로 구현한 브랜드입니다. 고정된 정체성 대신 유동적 정체성을, 완성된 공간 대신 계속 진화하는 공간을, 소유 중심에서 경험 중심으로의 변화를 물리적으로 가능하게 만드는 도구를 제공하죠. 베타라이프 시대의 핵심 욕구와 완벽하게 들어맞습니다.

몬타나의 성공은 단순히 예쁜 가구를 만들어서가 아니에요. 개인화와 표준화, 지속가능성과 다양성, 기능성과 아름다움이라는 현대 사회의 복잡한 요구를 동시에 충족시킬 수 있는 시스템을 만들었기 때문입니다. 나라는 공간이라는 가치가 단순한 유행이 아니라, 현대인의 삶의 방식 자체를 다시 정의하는 근본적 변화라는 걸 증명하는 사례입니다.

진화 중인 제3의 공간
일인용 1P, 2층 사무실, 레인보우홀릭 카페

스타벅스가 '제3의 공간'이라는 개념을 세상에 선보인 지 한참이 흘렀습니다. 대화와 소통을 위한 집과 직장 밖의 중립적인 장소는 혁신적인 아이디어였죠. 하지만 시대가 다시 바뀌어, 최근의 카페들은 완전히 다른 방향으로 진화하는 중입니다. 이들은 대화와 소통보다는 개인의 생산성과 자유로움 극대화에 초점을 맞춥니다. 베타라이프를 사는 현대인들에게는 사교적인 공간보다 개인화된 작업 공간이 더 절실해진 거죠. 한국과 일본의 혁신적인 카페들이 각각 독특한 방법으로 새로운 카페 경험을 만들고 있습니다.

일인용 1P, 혼자 쓰는 카페의 기묘한 매력

서촌에 위치한 '일인용 1P'는 카페의 개념을 완전히 뒤바꾼 곳입니다. 한 번에 딱 한 명만 이용할 수 있죠. 미리 예약을 한 뒤 정해진

일인용 1p 내부 ⓒ일인용 1p 인스타그램

시간에 방문해 사장님이 안내해 주는 2층에 들어서면 온전히 나만을 위한 1인용 공간을 만날 수 있습니다.

이용 요금은 1시간 기준으로 2만원이고, 음료 한 잔과 디저트, 그리고 책 한 권의 대여비가 포함됩니다. 재미있는 건 도서 큐레이션입니다. 막상스 페르민의 《눈》, 마르그리트 뒤라스의 《롤 베 스타인의 환희》 같은 프랑스 소설과 사진집, 시집 등 아무 책이나 가져다 놓은 게 아니라 혼자만의 시간을 더 풍부하게 만들어 줄 책들을 골라 제공하죠.

사람들이 일인용 1P를 찾는 이유는 명확합니다. 이곳에서는 옆자리 대화 소리가 너무 크게 들리는 상황, 노트북 배터리가 없는데 콘센트 자리는 만석인 상황, 매장이 좁아서 오래 앉아있는 게 눈치 보이는 상황 등 일반 카페에서 겪는 스트레스가 없습니다. 물리적 공간의 완전한 독점을 통해 심리적 안정감과 완전한 집중 환경을 제공하죠. 개인화의 새로운 차원이라고 할 수 있습니다.

2층 사무실, 사무실보다 더 사무실 같은 카페

봉천역 근처에 있는 '2층 사무실'은 카페와 워크스페이스의 경계를 완전히 허문 장소입니다. 평범한 건물 2층에 있지만, 좁고 가파른 계단을 올라 철문을 열고 들어가면 완전히 다른 세계가 펼쳐지죠.

책꽂이에 꽂힌 파일철은 이곳이 '사무실 카페'라는 걸 확실하게 알려줍니다. 컨셉에 맞춘 클리어파일 메뉴판, 브라우니 추천 쪽지 등 디테일까지 완벽하게 연출되어 있습니다. 그러나 2층 사무실은 단순한 컨셉을 넘어 실제 업무 환경의 기능까지 완벽하게 수행합니다. 모든 자리에 콘센트가 있고, 가사 없는 차분한 음악이 흐르면서 각자 몰입의 시간을 보낼 수 있는 분위기를 조성하죠.

방문객들도 "모두가 집중하고 있는 곳에 가니까 자극을 받아서 나도 할 일을 해치우고 싶은 의욕이 샘솟았다." "진짜 사무실도 이랬다면 회

2층 사무실 ⓒ2층 사무실 인스타그램

사에 가는 걸 조금 더 좋아했을까?"라며 긍정적인 반응을 보입니다. 이를 보면 2층 사무실이 단순한 카페가 아니라, 이상적인 업무 환경에 대한 판타지를 실현한 공간임을 알 수 있습니다. '내 사무실도 이랬으면 정말 좋겠다'라는 현대 직장인들의 속마음을 정확히 겨냥한 것입니다.

이런 변화가 소규모 독립 카페에서만 일어나는 것은 아닙니다. 대형 커피 체인점 할리스 커피는 휴게소 등 특수 매장을 제외한 약 80% 점포에 1인 좌석, 분리형 좌석 등을 마련한 결과, 1인 좌석을 갖추거나 늘린 매장들은 이전보다 매출이 평균 30%, 최대 140%까지 증가했습니다.[33] 탐앤탐스는 아예 '라운지탐탐'이라는 전용 공간을 만들어 스터디 카페나 공유 오피스 같은 인테리어로 시간제 서비스를 제공합니다.

'코피스(카페+오피스) 족'이라는 말이 생긴 지도 몇 년이 흐른 지금, 이제는 단순히 자리만 제공하는 게 아니라 집중할 수 있는 환경까지 세심하게 고려한 코피스족만을 위한 공간이 속속 생겨나는 중입니다.

레인보우홀릭 카페, 감성적 개인화의 새로운 차원

도쿄에 있는 레인보우 홀릭 문구 카페 RainbowHolic Stationery café는 '귀여운 문구를 즐길 수 있는 카페'라는 컨셉으로, 개인의 창의적 표현을 위한 공간을 제공합니다.

여기서는 음료를 주문한 뒤 카운터에 앉아 다이어리를 쓸 수 있도록 합니다. 문구 코너에는 스티커, 테이프, 메모패드, 스탬프 등 고객이 자유롭게 사용할 수 있는 다양한 도구들이 준비되어 있죠. 개인의 창작 활동을 지원하면서도 커뮤니티 감각을 유지하는 독특한 접근법입니다.

이 카페는 코로나 팬데믹 시기에 예상치 못한 반응을 경험했습니다. 사람들이 격리 기간동안 자연스럽게 성찰의 시간을 갖게 되면서, 평소

도쿄 키타구에 위치한 레인보우 홀릭 카페 전경 ©Tripadvisor

놓쳤던 작은 일상의 소중함을 깨닫게 된 거예요. 많은 사람이 손으로 직접 무언가를 쓰고, 꾸미고, 기록하는 행위가 단순해 보일지라도 마음에 깊은 울림을 준다는 걸 발견했습니다. 레인보우홀릭 카페는 바로 이런 '소소하지만 소중한 것들'을 위한 공간의 필요성을 일깨워 주었습니다.

개인의 욕구를 충족시키는 공간의 등장

앞서 등장한 카페들 공통점은 모두 '그 공간이 원래 무엇을 위한 곳인가'가 아니라 '지금 나에게 어떤 의미와 가치를 줄 수 있는가'에 집중한다는 점입니다. 베타라이프를 사는 사람들의 다양한 역할과 정체성에 맞춰서 유연한 공간 활용을 가능하게 하죠. 오늘은 프리랜서의 작업 공간으로 내일은 학습자의 공부 공간으로, 모레는 창작자의 영감을 얻는 공간으로, 각 개인에게 자유도를 부여하고, 개개인은 자신의 필요에 따라 공간을 마음껏 활용합니다.

스타벅스가 제시한 '제3의 공간'이 집과 직장 사이의 중립 지대였다면, 이제 카페는 개인의 다양한 정체성과 필요에 맞춰 유연하게 변화하는 '개인화된 제3의 공간'으로 진화하는 중입니다. 이런 변화는 카페가 단순한 서비스업을 넘어서 현대인의 라이프스타일과 정체성 형성에 직접적으로 관여하는 문화적 기반 시설로 발전했다는 걸 보여 줍니다.

특히 '나라는 공간'의 가치가 접근하기 쉬운 일상 속 공간에서 구현되고 있다는 게 의미가 깊습니다. 거창한 이론이 아니라 우리가 매일 가는 동네 카페에서 이런 변화가 일어나고 있다는 거죠. 앞으로는 더욱 정교하고 개인화된 방향으로 발전할 전망입니다. 1시간에 2만원 내고 혼자 쓰는 카페가 성공하는 시대니, 개인의 다양한 욕구를 충족시키는 새로운 형태의 공간들이 계속 등장할 거예요.

우연히 웨스 앤더슨과 라모나 존스
공간의 주관적 재해석

나라는 공간의 가장 흥미로운 점은 물리적 공간을 바꾸지 않고도, 개인의 관점과 해석만으로 완전히 새로운 공간 경험을 만들 수 있다는 것입니다. 똑같은 기차역을 보고도 어떤 사람은 그냥 기차역으로, 다른 사람은 웨스 앤더슨 영화 속 한 장면으로 보죠. 똑같은 시골 정원을 보고도 누구는 그냥 풀밭으로, 다른 누구는 전 세계 100만 명이 열광하는 힐링 콘텐츠로 봅니다. 이런 공간의 주관적 재해석을 멋지게 보여 주는 두 가지 사례가 있습니다. 바로 일상을 영화로 만드는 '우연히 웨스 앤더슨Accidentally Wes Anderson, AWA' 프로젝트와, 시골 정원을 전 세계적 영감의 원천으로 만든 라모나 존스Ramona Jones의 이야기입니다.

우연히 웨스 앤더슨,
여행 버킷리스트에서 시작된 글로벌 현상

영화 <그랜드 부다페스트 호텔>로 국내에서도 큰 사랑을 받은 영화 감독 웨스 앤더슨은 대칭적인 구도, 파스텔 톤의 색상, 빈티지한 질감, 동화 같은 연출로 전 세계인의 사랑을 받습니다. 미국 브루클린에 사는 월리 코발 Willy Koval과 아만다 코발 Amanda Koval 부부는 여행 버킷리스트를 짜다가 '굳이 멀리 가지 않아도, 일상에서 웨스 앤더슨 영화에 나올 법한 장소들을 찾을 수 있지 않을까?'라는 생각을 했다고 합니다. 그래서 인스타그램 계정 '우연히 웨스 앤더슨(@accidentallywesanderson)'을 만들고 사진을 올리기 시작했죠.

그런데 사람들이 이 계정에 폭발적인 반응을 보였습니다. 현재 우연히 웨스 앤더슨 계정은 약 190만 명의 팔로워를 보유한 거대한 크리에이티브 커뮤니티로 성장했어요. '모험가'로 불리는 전 세계의 우연히 웨스 앤더슨 팔로워들이 각자 발견한 웨스 앤더슨적 장소를 제보하면서 개인의 프로젝트가 집단적 창작 활동으로 확장된 것입니다.

수영장, 기차역, 호텔 로비, 카페, 서점 같은 지극히 일상적인 공간들

웨스 앤더슨적 사진 ⓒunsplash

도 '웨스 앤더슨'이라는 특별한 렌즈를 통해 바라보는 순간, 마치 영화 속 세계에서 나온 것처럼 변합니다. 물리적으로는 아무것도 바뀌지 않았지만 보는 이의 인식과 감정적 경험이 완전히 달라지죠.

인기에 힘입어 2021년에는 한국에서도 '우연히 웨스 앤더슨'의 사진을 모은 대규모 전시가 열렸습니다. 25만 명의 관람객을 불러모으며 폭발적인 성공을 거두었어요. 오프라인 전시는 온라인 커뮤니티의 사진과 창작물을 현실 공간으로 확장시켰습니다. 성공은 거기서 끝나지 않았어요. 2025년에 열린 〈우연히 웨스 앤더슨 2: 모험은 계속된다〉라는 이름의 두 번째 전시 역시 오픈 이후 큰 인기를 얻으면서 '어디에 있든, 영감은 당신 눈앞에 있다'라는 우연히 웨스 앤더슨의 메시지가 강력한 브랜드 파워를 갖게 되었습니다.

라모나 존스, 세계인의 힐링이 된 시골 정원

라모나 존스는 잉글랜드 남부 서머싯Somerset에서 시골 정원을 가꾸며 살아가는 콘텐츠 크리에이터입니다. 대학교에서 실험심리학을 전공했는데, 지금은 자신의 코티지cottage(시골 집)와 정원 공간을 통해 소박하고 자연적인 생활을 특징으로 하는 '코티지코어cottagecore' 라이프 스타일을 선보이고 있어요. '코티지와 정원에서 오는 평온한 영상들'이라는 슬로건처럼, 마음을 차분하게 만드는 콘텐츠로 인스타그램(@monalogue)과 틱톡 등 SNS에서 많은 팔로워를 보유하고 있습니다.

> "나의 정원 가꾸기 스타일은 인간적이다. 때로는 일을 마무리하지 못하고, 가장자리가 거칠며, 완벽하지 않다. 하지만 알아갈수록 내 정원은 매우 깊이 있고 아름답다."

라모나의 공간 철학은 이 말이 핵심입니다. 완벽하게 다듬어진 정원이 아니라 사람이 살아가는 흔적이 그대로 느껴지는 공간과 그런 불완전함이 오히려 더 진짜 아름다움을 만든다는 거죠.

라모나는 뒤늦게 자폐 스펙트럼 진단을 받은 후, 정원에서 마음의 안정을 찾았습니다. 그녀는 자폐 커뮤니티에서 말하는 글리머glimmers 즉, 강렬한 감각적 기쁨의 순간들을 정원에서 찾는다고 해요. 이런 섬세한 관찰이 그녀의 콘텐츠를 그냥 예쁜 정원 사진이 아니라, 한 사람의 치유와 성장이 담긴 이야기로 보이게 합니다.

라모나의 개인적인 공간은 타인에게 강력한 영감을 주는 미디어가 되었습니다. 그녀는 《코티지코어로의 도피Escape into Cottagecore》와 《성장Growing》이라는 두 권의 책을 출간했고, TV 프로그램에도 출연했어요.

라모나 존스의 정원
ⓒ라모나 존스 인스타그램

라모나의 팔로워들은 그녀의 정원을 통해 더 평화로운 삶을 받아들이고, 어디에 살든 자연에 대한 사랑을 되살리며, 단순한 기쁨을 재발견합니다. 자연의 회복 가능한 힘에서 기쁨을 찾고, 자연과의 연결을 추구하는 사람들에게 평온한 탈출구를 제공하는 거죠.

관점의 마법: 같은 세상, 다른 경험

두 사례의 공통점은 물리적 공간을 전혀 바꾸지 않고도 관점과 해석만으로 완전히 새로운 공간 경험을 만든다는 것입니다. 우연히 웨스 앤더슨은 '일상의 영화적 시선'이라는 프레임을, 라모나 존스는 '코티지코어적 감수성'이라는 프레임을 통해 각각 일상과 자연을 재해석하죠. 이런 프레임을 거치면 평범한 기차역이 영화 세트가 되고, 평범한 정원이 전 세계적 힐링 콘텐츠가 됩니다.

또 다른 공통점은 개인의 관점에서 시작된 공간 해석이 거대한 글로벌 커뮤니티로 확장되었다는 것입니다. 우연히 웨스 앤더슨의 모험가 커뮤니티와 라모나의 100만 팔로워는 모두 창작자의 공간 철학에 공감하고 참여하는 사람들입니다. 공간을 매개로 한 새로운 형태의 공동체가 생긴 거죠. 지리적 경계를 넘어서 공통의 미학적 감수성이나 라이프스타일을 공유하는 사람들이 연결되는 방식입니다.

나라는 공간 개념의 핵심인 '지금 나에게 어떤 의미와 가치를 줄 수 있는가'라는 질문에 대해, 두 사례는 각각 다른 답을 제시합니다. 우연히 웨스 앤더슨은 '드라마틱한 영감과 모험의 공간'을 만듭니다. 평범한 일상을 영화적 모험으로 바꾸는 마법 같은 시선의 힘을 보여 주죠. 라모나는 '치유와 성찰의 공간'을 만듭니다. 특히 공간이 정신적 웰빙과 자기 돌봄의 도구로 활용될 수 있음을 보여 주는 완벽한 사례죠.

우연히 웨스 앤더슨과 라모나 존스는 '공간은 고정된 물리적 실체가 아니라, 개인의 관점과 해석에 따라 무한히 변화할 수 있는 유동적 존재'라는 나라는 공간의 가장 본질적인 특징을 보여 줍니다. 현대인들이 얼마나 창의적이고 주체적으로 자신만의 공간을 만들어 내는지를 증명하기도 하죠. 결국 이 두 사례가 우리에게 전하는 메시지는 명확합니다. 특별한 공간을 찾으러 멀리 갈 필요 없이, 내 관점을 바꾸는 순간 지금 이 자리가 가장 특별한 공간이 될 수 있다는 것입니다.

* * *

브랜드가 나라는 공간을 구현하는 다섯 가지 방법

지금까지 살펴본 사례는 언뜻 보면 전혀 다른 이야기들 같지만, 실은 하나의 굵은 실로 연결되어 있습니다. 바로 **공간의 해방**입니다. 이들 모두 **공간의 고정된 용도와 의미를 해체하고, 개인의 정체성과 필요에 따라 무한히 다시 쓰일 수 있는 가능성의 무대**를 만들었죠. 스페인의 한 카페에서 에스토니아의 스타트업까지 자유롭게 이동하는 디지털 노마드, 8평 원룸을 창작 스튜디오로 변신시키는 자취인의 이야기, 36개의 나무 조각으로 1,000가지 가구를 만드는 몬타나 모두 정해진 답을 거부하고 나만의 해석을 선택한 이야기입니다. 어떻게 하면 우리도 이런 마법 같은 공간 경험을 만들 수 있을까요?

완성품이 아닌 재료를 제공하기

몬타나가 36개 기본 조각과 43가지 색상을 내놓듯이, 완벽하게 다 만들어진 공간이나 제품 대신 재료나 시스템을 주고 사용자가 직접 조합하고 재창조하게 할 수 있습니다. 이 때 고객은 브랜드가 의도한 대로 공간을 경험하는 수동적 소비자에서 벗어나 자신만의 이야기를 만들어

가는 주체적 창작자를 경험합니다. '내가 직접 만든 것'이라는 애착과 자부심도 생기죠.

공간에 독특한 관점과 프레임을 덧씌우기

평범한 기차역을 영화 속 한 장면으로 바꾸는 우연히 웨스 앤더슨은 브랜드만의 독특한 미학적 프레임을 제공합니다. 물리적으로는 아무것도 바꾸지 않았지만, 브랜드의 관점을 통해 고객의 일상이 마법처럼 특별해지는 경험을 만드는 거죠. 라모나 존스의 '코티지코어' 감성이나 〈자취남〉의 '진짜 일상을 보는 시선'도 마찬가지입니다. 브랜드가 제공하는 건 제품이 아니라 '세상을 바라보는 새로운 방법'입니다.

경계 없는 유연한 공간 경험 설계하기

베타라이프를 사는 현대인들은 계속 역할이 바뀝니다. 일과 삶, 휴식과 집중의 딱딱한 경계를 허물고 사용자의 필요에 따라 유연하게 변할 수 있는 공간을 제공할 필요가 있습니다. 유럽의 코워킹 스페이스나 카페 '2층 사무실'처럼 다중 정체성을 가진 사람들이 한 공간 안에서 여러 가지 모습으로 자유롭게 살 수 있도록 도와주는 거죠.

가장 사적인 공간의 이야기를 공유하는 장을 열기

라모나 존스가 자신의 정원을 통해 전 세계와 소통하는 것처럼, 개인의 가장 사적인 공간이 나를 표현하는 강력한 미디어가 됩니다. 사람들에게 이를 보여 주고, 유튜브 채널 〈자취남〉이 평범한 사람들의 집 이야기를 들려주는 것처럼 사적인 공간의 이야기를 공유할 플랫폼을 제공할 수 있습니다. 진정성 있는 연결을 만드는 브랜드가 사람들 마음에 깊이 남아요.

개인의 감정적 웰빙을 위한 심리적 안식처 만들기

'집 상태가 내 기분과 생활에 영향을 준다'라고 답한 사람이 83.5%나 되는 시대입니다. '일인용 1P'가 완전한 혼자만의 시간을 선사하고 라모나 존스의 정원이 그녀에게 치유의 공간이 되듯, 기능적 공간을 넘어서 사용자의 감정적, 정신적 안정과 회복을 돕는 공간을 제공해 보세요. 공간과 감정의 관계를 중요하게 여기는 현대인들에게 이런 접근은 필수적입니다.

베타라이프 시대,

어떤 브랜드가 되어야 할까?

변화하는 세상 속에서 살아남는 법

매일 쏟아지는 뉴스들을 보고 있으면 정말 세상이 빠르게 변하고 있다는 걸 실감합니다. 어제까지 안정적이라고 믿었던 회사가 갑자기 구조조정을 단행하고, 몇 년 전만 해도 상상도 못했던 AI 기술이 이제는 우리 일상 깊숙이 들어와 있죠. '평생직장'이라는 말이 옛말이 되고, '이것만 하면 성공한다'라는 공식도 더 이상 통하지 않는 시대, 경제 전문가들조차 내년을 예측하기 어렵다고 하는 상황에서 우리는 어떻게 살아가야 할까요?

베타라이프: 완성이 아닌 과정으로 사는 삶

이 책에서 만난 사람들의 이야기를 다시 떠올려 봅시다. 매일 아침 생산성 어플로 자신의 진행 상황을 체크하는 직장인, 카페를 자신만의 작업실로 만드는 프리랜서, 실패한 창업 경험까지 당당하게 공유하는 기업가들…. 이들의 공통점은 바로 삶을 '완성해야 할 프로젝트'가 아니라 '계속 업데이트해 나가는 과정'으로 받아들인다는 것입니다.

이 책은 이런 새로운 삶의 방식을 '베타라이프'라고 정의합니다. 스마트폰 어플이 베타 버전으로 출시된 후 사용자 피드백을 받아 계속 업데이트되듯, 이들도 자신의 삶을 끊임없이 실험하고 개선해 나가죠. 베타라이프를 사는 사람들에게 실패는 끝이 아니라 다음 버전으로 나아가기 위한 데이터입니다. "이번엔 이렇게 해 봤는데 잘 안되네? 그럼 다음엔 다른 방법을 시도해 보자." 같은 식으로 접근하는 것입니다.

이 책에서 살펴본 베타라이프의 다섯 가지 코드는 아래와 같습니다.

흔적의 효용성: 완벽한 결과가 없어도 시도하는 과정에서 의미 찾기
데이터 리추얼: 복잡한 삶을 객관적인 데이터로 분석해서 최적화하기
인스턴트 네트워킹: 필요한 순간마다 가볍고 의미 있는 관계 만들기
미숙함의 미학: 불완전함을 숨기지 않고 진정성 있게 보여 주기
나라는 공간: 자신의 필요에 맞춰 공간을 자유롭게 재해석하기

베타라이프 이면에 숨겨진 진짜 욕구

이런 행동들 뒤에 숨은 진짜 욕구는 무엇일까요? 표면적인 모습을 한 겹 벗겨 보면, 현대인들이 느끼는 다섯 가지 근본적인 갈망을 발견할 수 있습니다.

성장

사회가 정해준 성공의 사다리가 무너진 지금, 개인이 기댈 수 있는 가장 확실한 보상은 내가 '성장'하고 있다는 내면의 감각입니다. 회사에서 승진한다고 해서 평생이 보장되는 것도 아니고, 집을 산다고 해서 미래가 안정되는 것도 아닌 상황에서 유일하게 확신할 수 있는 건 나 자신이 계속 발전하고 있다는 사실이죠. 그래서 사람들은 매일 작은 성취를 기록하고, 운동 데이터를 꼼꼼히 체크하고, 새로운 기술을 배우는 데 시간을 투자합니다. 외부 환경이 아무리 불안정해도, 내 안의 성장은 아무도 빼앗을 수 없으니까요.

최적화

본업, 부업, 자기계발, 건강관리, 인간관계까지 현대인이 신경 써야 할 영역은 점점 늘어나는데 시간은 여전히 24시간입니다. 이런 상황에서 느낌이나 기분에 의존한 관리는 더 이상 '스마트'하지 않죠. 베타라이프를 사는 사람들은 어플로 컨디션을 체크해서 오늘 운동을 할지 말지 결정하고, 프로젝트 진행상황을 시각화해서 우선순위를 정하고, 몇 시에 잠들어야 내일 최상의 컨디션을 유지할 수 있는지도 데이터로 분석합니다. 이는 복잡한 삶의 변수들을 최대한 통제하고 관리해서, 한정된 자원으로 최대의 효과를 내려는 노력입니다.

기회

'좋은 대학 가서 대기업 취직하면 성공'이라는 공식은 사라진 지 오래입니다. 기회는 더 이상 주어지는 게 아니라 스스로 찾고 만들어야 하는 것이 되었죠. 사람들은 이제 코워킹 스페이스에서 새로운 사람들과 네트워킹하고, 사이드 프로젝트를 통해 다른 가능성을 탐색하고, 온라인 구직 사이트에서 적극적으로 자신을 어필합니다. 기회가 오기를 기다리는 게 아니라, 기회를 만들어 내는 능력이 새로운 경쟁력이 된 것입니다.

해방

인스타그램과 유튜브로 대표되는 SNS는 완벽한 모습에 대한 압박을 극대화했습니다. 예쁜 카페에서 찍은 사진, 성공한 모습만 골라서 올리는 피드, 항상 긍정적이고 에너지 넘치는 모습들은 숨이 막혔죠. 이제 사람들은 이런 완벽주의의 족쇄에서 벗어나고 싶어 합니다. 꾸밈없는 날것의 일상을 공유하고, 실패 경험을 당당하게 이야기하는 것도 이런 맥락입니다. '완벽하지 않아도 괜찮아, 있는 그대로의 내 모습으로 살고 싶어'라는 해방에 대한 갈망이에요.

창조

이제 사람들은 세상이 만들어 놓은 틀에 자신을 맞추는 것이 아니라, 자신만의 독특한 삶을 능동적으로 설계하고 싶어 합니다. 자신만의 공간을 꾸미고, 새로운 사업 아이디어를 실험하고, 기존에 없던 콘텐츠를 창작하는 것들 모두 이런 창조 욕구의 발현이에요. '남들이 정한 성공 기준이 아닌, 내가 정의한 가치 있는 삶을 살겠다'라는 적극적인 의지의 표현입니다.

다섯 가지 코드의 연결

겉보기에는 서로 다른 현상처럼 보이지만, 베타라이프의 다섯 가지 코드는 모두 같은 뿌리에서 시작했습니다. 불확실한 세상에서 자기 삶의 주도권을 되찾고, 끊임없이 더 나은 버전의 자신을 만들어가려는 시도들이죠. 다섯 가지 코드가 어떻게 서로 연결되는지 좀 더 구체적으로 살펴보면 흥미롭습니다.

내면 관리 시스템: 감성과 분석의 조화

베타라이프의 핵심은 나라는 존재를 끊임없이 실험하고 관찰하는 것입니다. 수많은 역할을 동시에 수행하고, 새로운 기술을 배우며, 불안정한 미래에 대비하고 나만의 길을 개척하죠. 흔적의 효용성과 데이터 리추얼은 모두 '어제보다 나아지는 모습을 확인하고 싶다'는 욕구에서 출발합니다. 그렇다면 어떤 차이가 있을까요?

흔적의 효용성은 감정적 안정감을 주는 역할을 합니다. 맷 다벨라가 다양한 챌린지를 시도하고 그 과정까지 낱낱이 공유하는 과정에서 전달하는 메시지처럼, '꼭 성공하지 않아도 괜찮아' '시도했다는 사실과 이 모든 과정이 성장의 발판이 되는 거야'라는 메시지를 통해 마음의 위로를 받는 거죠.

반면 데이터 리추얼은 분석적 접근을 통해 최적화를 추구합니다. 매일 다양한 데이터를 확인하는 행위는 단순한 기록을 넘어 하루를 가장 효율적으로 설계하기 위한 의식이 됩니다. "7시간 잤을 때보다 8시간 잤을 때 업무 효율이 20% 더 높네?" "5시 기상보다는 6시 기상이 운동 효과가 좋아."라는 구체적인 데이터를 바탕으로 더 나은 선택을 하죠. 이 둘이 조화를 이룰 때, 베타라이프를 사는 사람들은 감정적으로 번아웃되지 않으면서도 지속적으로 자신을 개선해 나갈 수 있습니다.

외부 세계 관리 시스템: 유연한 관계와 공간

내면 관리 시스템이 갖춰졌다면, 다음은 외부 세계와의 관계를 설정하는 방식입니다. 평생직장과 고정된 커뮤니티가 해체된 마당에 어떻게 타인과 관계를 맺고 내가 속할 공간을 만들어가야 할까요?

인스턴트 네트워킹과 나라는 공간은 둘 다 '빠르게 변화하는 세상에 유연하게 적응하고 싶다'라는 욕구에서 나온 전략입니다. 인스턴트 네트워킹은 관계에 대한 새로운 접근법입니다. '평생 인연'이라는 무거운 의무감 대신, 지금 필요한 만큼의 도움을 주고받는 효율적인 관계를 추구합니다. AI가 매칭해 준 사람과 20분 통화로 필요한 조언을 얻는 것처럼 말이죠.

나라는 공간은 환경에 대한 새로운 접근법입니다. 정해진 용도의 공간에 자신을 맞추는 것이 아니라, 자신의 필요에 따라 공간을 재해석해서 사용하는 것이죠. 이들은 자신의 필요와 역할에 따라 공간을 끊임없이 해체하고 재조립합니다.

나라는 사람을 단 하나의 단어로 대변할 수 없듯, 이제 고정된 관계와 공간은 무의미합니다. 일상의 여러 단면을 빠르게 전환할 수 있도록 도와주고, 새로운 기회를 제공하는 나만의 세계가 필요합니다.

모든 것의 기반: 미숙함의 미학

이 모든 실험과 도전을 가능하게 하는 가장 중요한 마음가짐이 바로 미숙함의 미학입니다. 완벽주의에 사로잡혀 있다면 새로운 시도를 할 수도 없고 실패를 통해 배울 수도 없겠죠. 하지만 '서툴러도 괜찮다, 실패해도 배우는 게 있다' 같은 태도가 있다면 모든 실험이 가능합니다.

브뤼셀의 '완벽하게 불완전한'이라는 슬로건이나, 〈모태솔로지만 연애는 하고 싶어〉 속 솔직한 고백들이 사람들의 마음을 움직이는 이유도 여기에 있습니다. 완벽하게 포장된 모습보다 진정성 있는 불완전함이 더 매력적이라는 걸 깨달은 거죠. 이는 완벽하게 연출된 모든 것들에 대한 극도의 피로감이자, 날것 그대로의 진정성에 대한 갈증입니다. 이제 사람들은 자신의 취약성과 실패를 솔직하게 드러내는 용기가 오히려 더 깊은 신뢰와 연결을 만든다는 것을 알게 되었습니다.

미숙함의 미학은 흔적의 효용성을 추구하는 이들이 실패한 과정마저 소중한 기록으로 남길 수 있게 하고, 데이터 리추얼을 실천하는 이들이 기대에 못 미치는 데이터 앞에서도 좌절하지 않고 다음 실험을 설계하게 합니다. 인스턴트 네트워킹에서 어색한 첫 만남을 두려워하지 않게 하며, 나라는 공간을 꾸밀 때 완벽한 인테리어가 아니더라도 과감히 시도해 볼 용기를 주죠. 결국 미숙함의 미학은 베타라이프라는 불확실한 항해를 떠나는 우리 모두에게 "괜찮아, 완벽하지 않아도 일단 한번 해

보는 거야!"라고 말하는 따뜻한 격려이자 지속 가능한 실험을 위한 필수적인 심리적 자원입니다.

이처럼 베타라이프 시대의 다섯 가지 코드는 개인이 불확실한 시대를 헤쳐 나가기 위해 구축한 정교하고 유기적인 시스템입니다. 내면적으로는 감성과 이성의 두 축으로 자신을 관리하고(흔적의 효용성, 데이터 리추얼), 외부적으로는 관계와 공간을 유연하게 재설정하며(인스턴트 네트워킹, 나라는 공간), 그 모든 것의 기반에는 실패를 용인하는 성숙한 태도(미숙함의 미학)가 깔려 있습니다. 이 다섯 가지 흐름을 종합적으로 이해할 때, 비로소 우리는 한 사람의 소비자가 아닌, 삶의 주도권을 쥐고 끊임없이 자신을 업데이트해 나가는 '베타라이프 항해자'의 모습을 마주하게 될 것입니다.

베타라이프, 브랜드의 세 가지 공략

앞서 살펴본 다섯 가지 코드는 브랜드에게 더 이상 과거의 성공 공식이 유효하지 않음을, 그리고 오늘날 브랜드의 의미가 얼마나 확장되었는지를 다시 한번 증명합니다. 이제 브랜드는 단순히 잘 만든 제품이나 서비스만을 부르는 말이 아닙니다. 개인, 공간, 콘텐츠, 그리고 커뮤니티 역시 사람들의 마음을 움직이는 강력한 브랜드입니다. 예측 불가능한 시대를 살아가는 이들에게 이제 브랜드는 어떤 형태이든 과거의 성공 공식을 넘어 새로운 역할을 수행해야 합니다. 사람들의 삶 깊숙이 파고들어, 그들의 여정에 의미 있는 존재가 될 수 있는 세 가지 방법을 제안합니다.

불안을 위로하고, 효능감을 고양시켜라

베타라이프를 사는 사람들의 가장 큰 특징은 '불확실성 속에서도 계속 나아가려는 의지'와 '그 과정에서 느끼는 불안함'이 공존한다는 거예요. 브랜드는 바로 이 복잡한 감정을 이해하고 위로해 줄 수 있어야 합니다. 단순히 "우리 제품을 쓰면 성공할 수 있어요!"라고 말하는 게 아니라, "괜찮아요, 실패해도 그것도 성장이에요."라는 메시지를 다양한 브랜드 경험으로 전달하세요. 단순히 감성적인 광고를 만들라는 의미가 아닙니다. 고객의 불안을 잠재우고, 자기효능감을 느끼게 하는 구체적인 장치가 있어야 한다는 뜻이에요.

예를 들어, 실패 경험을 공유하는 퍽업 나이트가 전 세계로 확산된 건 사람들이 '나만 힘든 게 아니구나'라는 위로를 받을 수 있었기 때문입니다. 이처럼 브랜드가 고객의 어려움을 공감하고 지지해 주는 역할을 할 수 있어야 합니다. 스트라이드가 사랑받은 이유 역시 단순한 할 일 관리 어플이 아니라, 작은 성취도 축하하고 "당신은 발전하고 있어요."라고 격려하는 어플이기 때문이에요. 브랜드가 고객의 자기효능감을 높이는 역할을 하는 거죠.

이렇게 적용할 수 있어요
- 완벽한 성공담보다는 시행착오 과정을 진솔하게 공유하기
- 작은 성취나 시도를 가치 있게 보는 문화 전파하기
- "당신도 할 수 있어요."보다는 "시도하는 것만으로도 대단해요."라는 주제로 소통하기

고객이 서사를 완성하게 하라

과거의 브랜드는 '우리가 모든 걸 다 생각해서 완벽한 솔루션을 만들었어요'라는 식으로 접근했습니다. 하지만 베타라이프 시대에 이런 방식은 오히려 매력이 없습니다. 고객들은 자신만의 스토리를 만들고 싶어하죠. 브랜드가 모든 걸 정해 놓은 완제품보다, 고객이 자신의 색을 입혀야 비로소 완성되는 DIY 요소가 있거나, 개인화되는 것을 더 선호합니다.

몬타나는 36가지 기본 모듈과 43가지 색상을 조합해서 소비자가 직접 무한한 가능성을 만들 수 있게 했습니다. 완성된 수납장을 파는 게

아니라, 고객이 자신만의 이야기를 만들 수 있는 도구를 제공했죠. 우연히 웨스 앤더슨 역시 하나의 관점(웨스 앤더슨적 미학)만 제시하고, 전 세계 사람들이 그 프레임 안에서 자신만의 콘텐츠를 만들어가게 했어요. 200만 팔로워가 직접 브랜드를 만들어 가는 공동 창작자가 된 것입니다.

이렇게 적용할 수 있어요
- 완성품보다는 고객이 커스터마이징할 수 있는 모듈형을 제안하기
- UGC^{User Generated Content}를 공식 활동에 적극적으로 활용하기
- 고객의 창의적 활용 사례를 실시간으로 발굴하고 가치 있게 활용하기

중심이 아닌 최고의 조력자가 되어라

많은 브랜드가 자신이 직접 스포트라이트를 받고 싶어합니다. 브랜드 자체가 멋있고 트렌디하다는 인식을 심고 싶어하죠. 하지만 베타라이프 시대의 진짜 승자는 고객의 삶을 빛나게 만들고 '보이지 않는 조력자' 역할을 하는 브랜드입니다. 고객이 자신의 삶을 더 잘 실험하고, 더 효율적으로 관리하고, 더 의미 있게 연결되도록 돕는 플랫폼이나 도구가 되는 거죠.

예를 들어 파크런은 배경이 될 뿐, 매주 모이는 수만 명의 러너들이 주인공인 커뮤니티를 만들어 줍니다. 사람들의 경험이 주목받을수록 그를 통해 파크런이라는 브랜드가 알려지죠. 파크런은 뒤에서 모든 것이 잘 돌아가게 하는 역할을 성실하게 수행할 뿐입니다. 코워킹, 코리빙 스페이스 로컬스티치 역시 자신들이 주목받으려 하지 않고 창작자들이 마음껏 실험하고 성장할 수 있는 환경을 제공하는 데 집중합니다.

이렇게 적용할 수 있어요
- 고객이 목표를 달성할 수 있는 시스템이나 도구 제공하기
- 커뮤니티나 플랫폼 역할로 사람들을 연결해 주기
- "우리가 최고예요."보다는 "고객들이 이런 일상을 만들고 있어요."를 어필하기

* * *

이 책을 통해 우리가 사는 오늘의 맥락을 짚어 보았습니다. 완벽한 계획, 확고한 정체성, 영원한 관계를 추구하던 시대는 저무는 중입니다. 그 자리에는 끊임없이 자신을 실험하고, 유연하게 관계 맺으며, 불완전한 과정을 기꺼이 드러내는 베타라이프의 항해자들이 서 있죠. 이 새로운 항해자들에게 과거 우리가 알던 브랜드는 더 이상 유효하지 않습니다. 과거의 브랜드가 스스로 빛을 내는 거대한 항성이 되고자 했다면, 이제는 사용자의 삶이라는 행성 궤도를 묵묵히 돌며 필요한 기능을 제공하는 위성이 되어야 합니다.

베타라이프는 완성된 답이 아닙니다. 지금도 수많은 사람들이 각자의 방식으로 실험하며 써 내려가는, 우리 시대의 가장 생생한 진행형 이야기입니다. 이 책이 그 이야기를 이해하는 하나의 프레임이 되기를, 그리고 브랜드와 개인 모두가 더 나은 베타 버전으로 업데이트되는 여정에 작은 도움이 되기를 바랍니다. 완벽하지 않아도 괜찮습니다. 우리는 모두 베타라이프의 실험자이자, 가장 훌륭한 공저자이니까요.

베타라이프 인사이트를
실천에 적용하는 방법

"흥미로운 내용이었는데, 그래서 내일부터 뭘 해야 하지?"

좋은 책을 읽고 나면 항상 이런 생각이 듭니다. 새로운 인사이트에 감탄하면서도, 실제 업무나 삶에 어떻게 적용해야 할지는 막막하기 마련이죠. '베타라이프'라는 새로운 시대정신도 이해는 했지만, 구체적으로 어디서부터 시작해야 할지 고민될 수 있습니다. 그래서 이 책에 담긴 인사이트를 실제로 활용할 수 있는 구체적인 방법들을 소개합니다.

🔍 브랜드 마케터라면

1단계: 고객 관찰의 렌즈 바꾸기
- 놓쳤던 고객 행동을 베타라이프 관점에서 다시 해석해 보세요.
- 우리 브랜드는 고객의 성장과 어떤 관계가 있나요?
- 우리 브랜드가 추구하는 '완벽함'이 고객에게 의미 있는 것인가요?
- 우리 브랜드가 고객의 일상에서 어떻게 활용되고 있을까요?

2단계: 브랜드 포지셔닝 점검하기
- 우리 브랜드는 '완성된 솔루션'을 제공하고 있나요, 아니면 '함께 만들어가는 도구'를 제공하나요?
- 고객의 불안을 위로하는 메시지가 있나요, 아니면 완벽함만 강조하고 있나요?
- 브랜드가 아닌 고객이 주인공인 스토리텔링인가요?

3단계: 구체적 액션 플랜
- (흔석의 효용성) 브랜드가 활용되는 '과정'에 등장하는 다른 브랜드와의 협업 기획하기
- (데이터 리추얼) 고객이 더 나은 선택을 하도록 돕는 가이드 역할하기
- (인스턴트 네트워킹) 모든 고객을 평생 팬으로 만들고자 노력하기보다 가볍게 참여하고 쉽게 떠날 수 있는 느슨한 연결의 장 만들기
- (미숙함의 미학) 완벽하게 연출된 광고나 SNS 피드 대신 브랜드의 비하인드 모습을 보여 주는 소통 시도하기
- (나라는 공간) 브랜드가 의도한 정답 대신, 고객의 창의적인 활용법을 장려하고 공유하기

🔍 기업 경영진이라면

1단계: 조직문화 진단하기
- 직원들이 실패를 두려워하지 않고 실험할 수 있는 환경인가요?
- 완벽한 기획안보다 빠른 프로토타이핑과 테스트를 권장하나요?
- 개인의 성장과 실험을 지원하는 제도가 있나요?

2단계: 베타라이프 친화적 환경 만들기
- 직원들이 개인 프로젝트나 새로운 아이디어를 테스트할 수 있는 실험 예산 책정하기
- 실패한 프로젝트에서 배운 점을 공유하는 세션을 정기적 개최하는 등 실패를 축하하는 문화 만들기
- 집중 시간과 협업 시간, 개인 업무와 팀 프로젝트를 자율적으로 조절하는 유연한 근무환경 조성하기
- 다른 부서 직원들과 가볍게 연결될 수 있는 커피챗 시스템 등 내부 네트워킹 문화 만들기

3단계: 혁신 프로세스 개선하기
- 완벽한 계획서보다 '가설 → 빠른 테스트 → 피드백 → 개선'의 베타 프로세스 도입하기
- 고객과 함께 제품을 개발하는 공동 개발 프로그램 시도하기
- 직원들의 다양한 시도와 성장을 데이터로 추적하고 격려하는 시스템 만들기

🔍 소상공인·창업가라면

1단계: 고객과의 관계 재정의하기
- 브랜드 대 소비자가 아닌 개인 대 개인으로 진정성 있는 소통을 하고 있나요?
- 우리 브랜드의 필요와 가치가 고객의 일상 속 장면에 빗대어 표현되고 있나요?
- 평생 단골을 만들려고 노력하기보다, 필요할 때 찾아오는 믿을 만한 선택지가 되어 주세요.

2단계: 공간과 경험 재설계하기
- 브랜드가 노출되는 온·오프라인 공간에서 고객이 새로운 감각을 느낄 수 있도록 하는 경험 추가하기
- 브랜드에 추가할 수 있는 기능을 다른 카테고리의 제품 및 서비스에서 찾아보기
- 하나의 이어지는 경험을 만들 수 있도록 다른 브랜드와 연합하기

3단계: 베타 마인드셋 적용하기
- 완벽한 오픈보다 베타 오픈 → 고객 피드백 → 개선의 과정을 생생하게 보여 주기
- 실패나 시행착오도 솔직하게 공유해서 고객 관심을 유도하고 공감대 형성하기
- 주기적으로 작은 실험 시도하기 (계절이 바뀔 때, 특별한 날이 있을 때 그 주제를 따라 시도한다면 더 쉽게 주목받을 수 있어요.)

🔍 퍼스널 브랜딩을 하는 창작자라면

1단계: 콘텐츠 전략 재점검하기
- 사람들에게 나라는 브랜드가 어떤 필요를 채워줄 수 있는지 진정성 있게 소개할 수 있나요?
- 나만의 언어로 성장을 정의할 수 있나요?
- 다양한 분야의 전문가와 소통하며 '나라는 브랜드'에 대한 피드백을 받아 보세요.

2단계: 브랜드 기반 구축하기
- 사람과 사람을 잇는 매력적인 네트워크 플랫폼 되기
- 삐뚤빼뚤 서툴러도 최대한 많이 브랜드를 노출하고 가치 표현하기
- 사람들에게 정서적으로 도움이 되는 브랜드 되기

3단계: 지속가능한 성장 전략
- 개인적 성장과 실험을 콘텐츠로 연결하기
- 데이터를 활용해 자신의 패턴을 분석하고 최적화하기
- 미숙함을 인정하고 포용하는 용기를 잊지 말고 꾸준히 나아가기

⊠ 이런 건 하지 마세요

- 모든 걸 한 번에 바꾸려 하지 마세요. 베타라이프도 점진적 개선을 추구합니다. 브랜드도 마찬가지로 작은 변화부터 시작하세요.
- 베타라이프를 마케팅 기법으로만 보지 마세요. 진정성이 없으면 고객들이 금세 알아차립니다. 정말로 고객과 함께 성장하려는 마음가짐이 중요해요.
- 완벽한 데이터를 기다리지 마세요. 더 정확한 분석이 필요하다는 핑계로 실행을 미루지 마세요. 불완전한 정보로도 시작할 수 있습니다.
- 실험이 잘 안 됐다고 해서 쉬쉬하고 실패를 숨기려 하지 마세요. 그 과정에서 배운 점을 공유하는 것도 가치가 있습니다.

☑ 이런 건 꼭 하세요

- 작게 시작하고 빠르게 반복하세요. 거창한 계획보다 작은 실험을 자주 하는 게 더 효과적입니다.
- 고객의 목소리에 귀 기울이세요. 베타라이프를 사는 사람들은 누구나 자신의 의견을 적극적으로 표현하고 싶어합니다. 그들의 피드백을 소중히 여기세요.
- 과정을 기록하고 공유하세요. 실험 과정과 결과를 투명하게 공유하면 고객들도 브랜드의 여정에 참여하고 싶어해요.
- 실패를 학습 기회로 만드세요. "실패했지만 이런 걸 배웠어요."라는 스토리는 오히려 브랜드에 대한 신뢰를 높입니다.

마지막 팁: 베타라이프 마인드셋으로 이 책 활용하기

　베타라이프는 완벽함을 추구하는 게 아니라 지속적인 개선을 추구하는 삶의 방식입니다. 이 책도 마찬가지로 완벽한 답안집이 아니라 여러분의 실험을 위한 도구죠. 완벽하게 적용하려 하지 말고, 자신만의 방식으로 실험하며 점점 더 나은 버전을 만들어 가세요. 시작이 반입니다. 작은 한 걸음이 차곡차곡 쌓이면 비로소 더 나은 내일로 향해 갈 수 있을 것입니다.

참고 문헌 및 참고 웹사이트

1. Hyper Persoanlization Global Market Report 2025, The business research company, 2025.01
2. DMC리포트, 2025년 소셜미디어 시장 동향 보고서, 2025.06
3. 잡코리아X알바몬, '직장인N잡 현황', 2023
4. 뉴워커, 사이드프로젝트 관련 조사, 2022
5. 통계청, 경제활동인구조사 청년층 부가 조사, 2025
6. 위와 같음
7. Chen, Li, and Shuyu Zeng. "The relationship between intolerance of uncertainty and employment anxiety of graduates during COVID-19: The moderating role of career planning." Frontiers in Psychology 12, 2021
8. 한상헌, ""아직도 안 쓰니?"…작년 생성형 AI 구독 300% 급증", 매일경제, 2025.02.
9. 엠브레인 트렌드모니터, 일상 생활 루틴(습관) 및 미라클 모닝 관련 인식 조사, 2022
10. 엠브레인 트렌드모니터, 일상 생활 루틴(습관) 및 미라클 모닝 관련 인식 조사, 2022
11. Best Bereal Marketing Statistics 2025, amra&elma
12. Andy Orin, "Behind the App: The Story of HabitRPG", Lifehacker, 2015.01
13. Craig Mod 공식 블로그, "Kissa by Kissa Project Notes", 2019

14 Kyle Richey, 《Conquer Habits》, 2017

15 WHOOP 공식 팟캐스트 〈The Story of WHOOP〉

16 페이스북 'Brooklyn Bridge parkrun' 포스팅, 2025. 08

17 한국갤럽, 2022 부동산 트렌드 보고서, 2022.03

18 통계청, 2024 인구주택총조사

19 Boardy 공식 홈페이지

20 Zoya Hasan, "$40 Mic To $650 Million Firm: How Harry Stebbings Is Rewiring European Venture Capital", Forbes, 2025.06

21 Global Market Insights, "AI Companion App Market Size", 2025

22 Carl Clarke, "Divorce left me struggling to find love. I found it in an AI partner", CBC Radio, 24.05.

23 Kim, Myungsung, et al. "Therapeutic potential of social chatbots in alleviating loneliness and social anxiety: Quasi-experimental mixed methods study." Journal of medical Internet research 27, 2025

24 Sarah Perez, "AI companion apps on track to pull in $120M in 2025", Techcrunch, 2025.08.

25 Bloody Pottery 공식 홈페이지

26 Ella Alexander, "The latest fleeting TikTok beauty trend? Looking tired", CNN Style, 2025.08.

27 Melissa Fleur Afshar, "Gen Z's Aesthetic Is Quietly Pivoting to a New Era—and It Looks Messy", Newsweek, 2025.07.

28 Stefania Sainato, "TikTok's 'normal home' trend is going viral—and it proves your 'average' house is actually amazing", Motherly, 2024.12.

29 대학내일20대연구소, 2534 1인가구 홈라이프 탐구 보고서, 2025.03

30 통계청, 2024 인구주택총조사

31 대학내일20대연구소, 2534 1인가구 홈라이프 탐구 보고서, 2025.03

32 김포문화재단, "1인가구의 삶을 기록하는 유튜버 이야기('자취남' 정성권)", 2020

33 이지원, "[이슈&트렌드] '카공족'에 이어 '카밥족'이 뜬다! 카밥족 모시기에 나선 카페업계" 데일리팝, 2020.02

브랜드 코드: 베타라이프
일상에서 답을 찾는 브랜딩 인사이트

초판 발행   2025년 11월 17일
펴낸곳   유엑스리뷰
발행인   현호영
지은이   프리퍼드
편 집   김아현
디자인   강지연
주 소   서울특별시 마포구 월드컵북로58길 10, 더팬빌딩 9층
팩 스   070.8224.4322

ISBN   979-11-94793-39-7

• 출판사의 허가 없이 본 도서를 편집 또는 재구성할 수 없습니다.
• 잘못 만든 책은 구입하신 서점에서 바꿔 드립니다.

좋은 아이디어와 제안이 있으시면 출판을 통해 가치를 나누시길 바랍니다.
uxreviewkorea@gmail.com